幼儿园教师多维技能训练实践研究

黄 婧 —————— 著

汕头大学出版社

图书在版编目（CIP）数据

幼儿园教师多维技能训练实践研究 / 黄婧著. -- 汕头：汕头大学出版社，2023.12
ISBN 978-7-5658-5239-8

Ⅰ. ①幼… Ⅱ. ①黄… Ⅲ. ①幼教人员-师资培训-研究 Ⅳ. ①G615

中国国家版本馆 CIP 数据核字（2024）第 003395 号

幼儿园教师多维技能训练实践研究
YOUERYUAN JIAOSHI DUOWEI JINENG XUNLIAN SHIJIAN YANJIU

著　　者：黄　婧
责任编辑：宋倩倩
责任技编：黄东生
封面设计：优盛文化
出版发行：汕头大学出版社
　　　　　广东省汕头市大学路 243 号汕头大学校园内　邮政编码：515063
电　　话：0754-82904613
印　　刷：河北万卷印刷有限公司
开　　本：710 mm×1000 mm　1/16
印　　张：12.75
字　　数：220 千字
版　　次：2023 年 12 月第 1 版
印　　次：2024 年 1 月第 1 次印刷
定　　价：78.00 元
ISBN 978-7-5658-5239-8

版权所有，翻版必究

如发现印装质量问题，请与承印厂联系退换

前言

2012年,教育部发布了《幼儿园教师专业标准(试行)》。该文件指出:"把学前教育理论与保教实践相结合,突出保教实践能力;研究幼儿,遵循幼儿成长规律,提升保教工作专业化水平;坚持实践、反思、再实践、再反思,不断提高专业能力。"从心理学角度看,能力是完成一项目标或任务体现出来的综合素质,是顺利完成某种活动必须具备的素质。技能是个体运用已有的知识、经验,通过练习而形成的一定的动作方式或智力活动方式,是行为和认知活动的结合,并有一定的操作技术性。技能是能力的一部分,是能力的基础。在一项具体的实践中,一项技能如果得到反复操练,就会进一步内化为一种能力。幼儿园教师应热爱学前教育事业,了解学前教育规律,掌握教育教学技能,为提高教育教学工作能力打下良好的基础。

幼儿园教师教育教学技能是幼儿园教师掌握专业知识和教学技巧,在教育教学实践中运用专业知识和教学技巧,推动幼儿发展的能力。随着幼儿教育的发展,幼儿教育对幼儿园教师提出的要求越来越高,同时,幼儿园教师教育教学技能被赋予了更加明确的专业精神和更加丰富的内涵。在这一背景下,幼儿园教师进行教育教学技能训练至关重要。

本书共分七章:第一章对幼儿园教师的职业角色、职业特征、专业素养、作用及多维技能进行论述;第二章至第六章依次对幼儿园教师形体与礼仪训练、口语技能训练、艺术教育相关技能训练、游戏活动组织技能训练、其他教育教学相关技能训练进行研究;第七章从园本教研、幼儿园教师技能训练体系、幼儿园教师技能训练模式、教师评价体系四个方面论述如何健全幼儿园教师多维技能训练保障机制。

本书在语言上力求简洁,同时设计了一些图、表,旨在使读者更容易理解本书内容。

目 录

第一章 幼儿园教师概述 ……………………………………………………001
    第一节 幼儿园教师的职业角色 ……………………………………………003
    第二节 幼儿园教师的职业特征 ……………………………………………005
    第三节 幼儿园教师的专业素养 ……………………………………………008
    第四节 幼儿园教师的作用 …………………………………………………012
    第五节 幼儿园教师的多维技能 ……………………………………………014

第二章 幼儿园教师形体与礼仪训练 ……………………………………017
    第一节 形体与礼仪概述 ……………………………………………………019
    第二节 幼儿园教师形体训练 ………………………………………………025
    第三节 幼儿园教师礼仪训练 ………………………………………………029

第三章 幼儿园教师口语技能训练 ………………………………………039
    第一节 幼儿园教师口语技能训练基础 ……………………………………041
    第二节 幼儿园教师教育口语技能训练 ……………………………………048
    第三节 幼儿园教师教学口语技能训练 ……………………………………057
    第四节 幼儿园教师交际口语技能训练 ……………………………………065

第四章 幼儿园教师艺术教育相关技能训练 ……………………………073
    第一节 幼儿园教师舞蹈技能训练 …………………………………………075
    第二节 幼儿园教师美术技能训练 …………………………………………081
    第三节 幼儿园教师音乐技能训练 …………………………………………091
    第四节 幼儿园教师戏剧编导技能训练 ……………………………………099

第五章　幼儿园教师游戏活动组织技能训练 ··· 107
第一节　幼儿园游戏活动概述 ··· 109
第二节　幼儿园游戏活动对幼儿发展的作用 ·· 113
第三节　幼儿园教师不同类型游戏活动组织技能的训练 ····························· 120
第四节　幼儿园教师游戏活动环境创设技能的训练 ··································· 125

第六章　幼儿园教师其他教育教学相关技能训练 ····································· 131
第一节　幼儿园教师课堂教学组织技能训练 ·· 133
第二节　幼儿园教师书写技能训练 ·· 139
第三节　幼儿园教师多媒体课件制作技能训练 ··· 147
第四节　幼儿园教师说课、听课与评课技能训练 ····································· 162

第七章　健全幼儿园教师多维技能训练的保障机制 ································· 167
第一节　注重园本教研 ·· 169
第二节　完善幼儿园教师技能训练体系 ··· 174
第三节　采用多元化的训练模式 ··· 179
第四节　构建完善的教师评价体系 ·· 183

参考文献 ··· 191

后记 ·· 196

第一章 幼儿园教师概述

第一节　幼儿园教师的职业角色

一、幼儿园教师职业角色的演变

从幼儿教育的发展过程来看，在不同的幼儿教育发展阶段，幼儿园教师扮演着不同的角色。综合来看，幼儿园教师的职业角色经历了三个阶段的演变。

（一）充当保姆的阶段

在幼儿教育发展的初期，很多人认为幼儿园教师的角色是保姆，幼儿园的作用就是帮忙看孩子。此时期，相关的教育研究较少，幼儿园对自身的定位不清晰，人们对幼儿教育的认识也不清晰，所以很多人认为幼儿园教师的角色是保姆。

（二）充当教育者的阶段

随着幼儿教育的发展，相关的研究越来越多，人们对幼儿教育的认识越来越清晰。与此同时，越来越多的家长认识到幼儿教育的重要性。在此背景下，单纯看孩子式的教育已经不能满足社会发展以及幼儿教育发展的需求了。越来越多的幼儿园开始重新定位自己的角色，幼儿园教师也随之逐渐完成了从保姆向教育者过渡。在该阶段，幼儿园教师的职业角色仍旧比较单一，主要是教育者这一角色。幼儿园教师的作用主要是教育幼儿，引导幼儿成长与发展。

（三）幼儿园教师职业角色多样化的阶段

随着幼儿教育的普及，越来越多的学者进行幼儿教育研究，诸多教育理论被应用到幼儿教育中，这丰富了幼儿教育研究的方法，也推动了幼儿教育的发展。在这一阶段，幼儿园教师被赋予了诸多新的角色，如幼儿学习的指导者、幼儿游戏的玩伴、幼儿的知心朋友等。幼儿园教师职业角色的多样化使幼儿园教师的内涵变得更加丰富。同时，这也有助于幼儿教育质量的提高，有助于幼儿身心健康发展。需要注意的是，在幼儿园教师职业角色多样化的阶段，幼儿园教师的主要作用和职责没有改变，依旧是引导幼儿成长和发展。

二、幼儿园教师职业角色的定位

如今,幼儿园教师扮演着多样化的角色,其职业角色定位是多样化的。

(一)幼儿园教师是幼儿学习与发展的引导者

在传统的幼儿教育中,教师被认为是知识的传授者。这种观念是片面的,忽视了幼儿学习的主体性。虽然幼儿的身心发展还不成熟,但他们已经有了自我意识。教育者不能忽视幼儿的自我意识,要注重幼儿主体作用的发挥,从而更好地促进幼儿发展。《幼儿园教育指导纲要(试行)》明确指出:"教师应成为幼儿学习活动的支持者、合作者、引导者。"幼儿园教师应正确认识自身的角色定位,成为幼儿学习与发展的引导者,引导幼儿学会思考、学会自理、学会构建属于他们的知识体系,促进幼儿成长与发展。

(二)幼儿园教师是教育研究者和终身学习者

如今,幼儿园教师不仅要从事教育教学工作,还要具备一定的科研能力,能够对幼儿教育进行科学研究。幼儿园教师对幼儿教育的研究主要是基于自身的教育教学实践的研究,所以具有指导实践的意义。无论研究的方向是什么,研究的意义有哪些,幼儿园教师都要正确认识自身的幼儿教育研究者这一角色,在教育教学实践中不断地进行反思、进行总结,进而获得具有指导实践意义的研究成果。

幼儿园教师还是终身学习者。如今,人们已进入知识爆炸的时代,知识不断更新。幼儿教育工作者要具备终身学习的意识,不断学习,才能跟上时代发展的步伐。幼儿园教师要树立新的教育观和学习观,不断充实和更新自己的知识,掌握国内外前沿的幼儿教育教学方法,不断提升自己的专业素养,进而促进幼儿教育质量的提高。

(三)幼儿园教师是幼儿的知心朋友

幼儿对幼儿园教师表现出一定的依赖性,这种依赖包含信任、喜爱等情感。幼儿园教师可以利用这一点与幼儿交朋友。幼儿也有属于他们的烦恼,也需要有人理解他们。教师要认识到幼儿的这一需求,以朋友的身份与幼儿进行真诚的交谈,然后针对幼儿的问题提出自己的看法,引导幼儿情感健康发展。此外,在与幼儿成为朋友后,幼儿园教师组织各种教学活动会有更高的效率,这对提高教育教学质量也具有非常重要的意义。

(四)幼儿园教师是联结家庭教育和幼儿园教育的协同者

家庭教育是指父母或者其他监护人为促进未成年人全面健康成长,对其实施的道德品质、身体素质、生活技能、文化修养、行为习惯等方面的培育、引导和影响。家庭教育与社会教育、学校教育之间有紧密的联系,家庭教育可以被看作其他教育的基础。[①] 幼儿园教师发挥着家庭教育与幼儿园教育之间的桥梁作用,通过协调家庭教育和幼儿园教育的关系,能够同时促进家庭教育和幼儿园教育质量的提高,使幼儿获得更好的发展。在日常的教育实践中,幼儿园教师需要将幼儿在幼儿园的表现反映给幼儿家长,让幼儿家长进一步了解幼儿的优点和存在的问题,更好地开展家庭教育。此外,幼儿园教师也需要向幼儿家长了解幼儿在家的表现,并了解幼儿家长实施家庭教育的情况,从而更好地开展幼儿园教育。幼儿园教师了解了幼儿家长实施家庭教育过程中存在的问题后,应积极和幼儿家长进行沟通,对其家庭教育中存在的问题进行讨论,找出存在问题的原因,并共同寻求解决问题的办法。对于幼儿家长来说,幼儿园教师在幼儿教育上更加专业。虽然幼儿园教育和家庭教育存在一定的差别,但是幼儿园教师可以从专业角度为幼儿家长进行家庭教育提供一些指导和参考。

第二节 幼儿园教师的职业特征

幼儿园教师的职业特征主要体现在以下五个方面(图1-1)。

图1-1 幼儿园教师的职业特征

---

① 韦志中. 体验式家长会[M]. 北京:西苑出版社,2020:2.

一、教育对象的特殊性

幼儿园教师教育的对象主要是 3～6 岁的幼儿。该阶段的幼儿在身心发展上具有如下特点：虽然具备了基本的动作能力，但动作的协调能力还未发展成熟；虽然具备了一定的语言表达能力，但有时候不能清楚地表达自己的想法；虽然具备了一定的自制力，但不能很好地控制自己的行为和情绪；对社会和他人的认识非常浅显；对幼儿园教师的依赖性较强；思维以形象思维为主。综合来看，幼儿的身心发展还非常不成熟。面对幼儿的特殊性，教师需要树立正确的教育观，了解幼儿的身心发展特点，正确看待幼儿接受教育过程中出现的种种行为，有针对性地对幼儿的言行进行引导，引导幼儿健康发展。

二、工作内容的复杂性

第一，幼儿园教师具有促进幼儿德、智、体、美、劳全面发展的职责，这决定了幼儿园教师教育内容的丰富性，丰富的教育内容使幼儿园教师的教育工作具有复杂性的特征。幼儿园教师要针对幼儿不同素质的发展，设计、组织不同的教育活动。比如，针对幼儿身体素质的发展，教师需要设计和组织一些符合幼儿身体发育情况的体育锻炼活动；针对幼儿道德素质的发展，教师要设计一些幼儿易于理解的活动。总之，幼儿园教师的教育工作是复杂且细致的，教师要对幼儿教育进行全面的考虑，不可偏废幼儿教育的任何一个方面，将教育落实到具体、细微之处，从而促进幼儿综合素质的提升。

第二，不同年龄段的幼儿在身心发展上存在一定的差异，这也在一定程度上增强了幼儿园教师工作内容的复杂性。根据幼儿教育家蒙台梭利的观点可知，2～4 岁是幼儿秩序敏感期，3.5～5.5 岁是幼儿书写敏感期，4.5～5.5 岁是幼儿阅读敏感期。在设计具体的教育活动时，教师应根据幼儿的身心发展特点，设计具有针对性的教育活动，以使幼儿获得更好的发展。

三、教育过程的创造性

第一，教育过程的因人制宜。在开展具体的教育活动时，幼儿园教师既要注意有法可循，也要注意教无定法。首先，幼儿教育不是看孩子，教师要遵循一定的教育理论，采用科学的教学方法，从而确保教育的科学性，提高教育质量。其次，在开展具体的教育活动时，每一位教师具备的教育经验是不同的，面对的幼儿也是不同的，这就需要教师能够根据具体的教学情况灵活运用合适的教学方法。

第二，幼儿园教师的教育机智。教育机智是指教师对工作中发生的瞬息万变的情况，能敏感、迅速而准确地判断，能正确、机敏而妥善地处理，从而取得良好教育教学效果的能力。[1] 在组织教育活动的过程中，教师可能会遇到一些突发状况。这就需要教师具备一定的教育机智，处理好这些突发状况。突发状况是不可预测的。当出现突发状况时，教师切忌拘泥于固定的程序，要充分发挥创造性，灵活地采取应对措施，快速解决突发状况，尽可能减小突发状况对教育活动的影响。

四、工作要求的规范性

国家对幼儿园教师的教育工作提出了明确的要求，以此来规范幼儿园教师的教育工作。国家早在1989年便颁布了《幼儿园管理条例》，规范幼儿园教师的言行，加强对幼儿园的管理，以促进我国幼儿教育事业的发展。2001年，教育部颁布了《幼儿园教育指导纲要（试行）》（以下简称《纲要》）。《纲要》对幼儿园教育性质、目的、任务及内容，特别是幼儿园的健康、社会、语言、科学与艺术五大领域的教育活动的培养目标、内容与要求等，逐一做了说明。2012年，教育部颁布了《3～6岁儿童学习与发展指南》（以下简称《指南》）。《指南》分别对3～4岁、4～5岁、5～6岁年龄段幼儿的合理发展水平与期望提出合理参照指标，为广大幼儿教师和家长开展教育活动提供了可操作性的建议。2012年，教育部颁布了《幼儿园教师专业标准（试行）》。此标准是国家对幼儿园合格教师专业素养的基本要求，是教师实施教育教学行为的基本规范，是引领教师专业发展的基本准则，是教师培养、准入、培训、考核等工作的重要依据。

五、教师自身的示范性

教师要具备良好的道德素养，并能够用自身的言行影响学生。幼儿的身心发展还不成熟。幼儿对教师表现出较强的依赖性，同时具有较强的向师性。幼儿园教师要充分认识到自身示范的重要性，严格约束自己的行为，使自己的知识、情感、道德以及一言一行都能够为幼儿做表率，真正做到言传身教。

---

[1] 中国教育报社基础教育部. 捕捉最佳教育时机 [M]. 大连：辽宁师范大学出版社，1995：2.

第三节　幼儿园教师的专业素养

幼儿园教师的专业素养是指幼儿园教师从事幼儿教育必备的素养。《幼儿园教师专业标准（试行）》对幼儿园教师的专业素养提出了基本要求。这些要求可概括为三个维度：专业理念与师德、专业知识和专业能力。

一、专业理念与师德

《幼儿园教师专业标准（试行）》对幼儿园教师的专业理念与师德的要求可概括为四个领域：职业理解与认识、对幼儿的态度与行为、幼儿保育和教育的态度与行为、个人修养与行为。每一领域的具体要求如下：

（一）职业理解与认识

该领域的要求如下：
（1）贯彻党和国家教育方针政策，遵守教育法律法规。
（2）理解幼儿保教工作的意义，热爱学前教育事业，具有职业理想和敬业精神。
（3）认同幼儿园教师的专业性和独特性，注重自身专业发展。
（4）具有良好职业道德修养，为人师表。
（5）具有团队合作精神，积极开展协作与交流。

（二）对幼儿的态度与行为

该领域的要求如下：
（1）关爱幼儿，重视幼儿身心健康，将保护幼儿生命安全放在首位。
（2）尊重幼儿人格，维护幼儿合法权益，平等对待每一位幼儿。不讽刺、挖苦、歧视幼儿，不体罚或变相体罚幼儿。
（3）信任幼儿，尊重个体差异，主动了解和满足有益于幼儿身心发展的不同需求。
（4）重视生活对幼儿健康成长的重要价值，积极创造条件，让幼儿拥有快乐的幼儿园生活。

（三）幼儿保育和教育的态度与行为

该领域的要求如下：

（1）注重保教结合，培育幼儿良好的意志品质，帮助幼儿养成良好的行为习惯。

（2）注重保护幼儿的好奇心，培养幼儿的想象力，发掘幼儿的兴趣爱好。

（3）重视环境和游戏对幼儿发展的独特作用，创设富有教育意义的环境氛围，将游戏作为幼儿的主要活动。

（4）重视丰富幼儿多方面的直接经验，将探索、交往等实践活动作为幼儿最重要的学习方式。

（5）重视自身日常态度、言行对幼儿发展的重要影响与作用。

（6）重视幼儿园、家庭和社区的合作，综合利用各种资源。

（四）个人修养与行为

该领域的要求如下：

（1）富有爱心、责任心、耐心和细心。

（2）乐观向上、热情开朗，有亲和力。

（3）善于自我调节情绪，保持平和心态。

（4）勤于学习，不断进取。

（5）衣着整洁得体，语言规范健康，举止文明礼貌。

二、专业知识

《幼儿园教师专业标准（试行）》对幼儿园教师专业知识的要求可概括为三个领域：幼儿发展知识、幼儿保育和教育知识、通识性知识。每一领域的具体要求如下：

（一）幼儿发展知识

该领域的要求如下：

（1）了解关于幼儿生存、发展和保护的有关法律法规及政策规定。

（2）掌握不同年龄幼儿身心发展特点、规律和促进幼儿全面发展的策略与方法。

（3）了解幼儿在发展水平、速度与优势领域等方面的个体差异，掌握对应的策略与方法。

（4）了解幼儿发展中容易出现的问题与适宜的对策。

（5）了解有特殊需要幼儿的身心发展特点及教育策略与方法。

（二）幼儿保育和教育知识

该领域的要求如下：

（1）熟悉幼儿园教育的目标、任务、内容、要求和基本原则。

（2）掌握幼儿园各领域教育的学科特点与基本知识。

（3）掌握幼儿园环境创设、一日生活安排、游戏与教育活动、保育和班级管理的知识与方法。

（4）熟知幼儿园的安全应急预案，掌握意外事故和危险情况下幼儿安全防护与救助的基本方法。

（5）掌握观察、谈话、记录等了解幼儿的基本方法和教育心理学的基本原理和方法。

（6）了解0～3岁婴幼儿保教和幼小衔接的有关知识与基本方法。

（三）通识性知识

该领域的要求如下：

（1）具有一定的自然科学和人文社会科学知识。

（2）了解中国教育基本情况。

（3）具有相应的艺术欣赏与表现知识。

（4）具有一定的现代信息技术知识。

三、专业能力

《幼儿园教师专业标准（试行）》对幼儿园教师专业能力的要求可概括为七个领域：环境的创设与利用、一日生活的组织与保育、游戏活动的支持与引导、教育活动的计划与实施、激励与评价、沟通与合作、反思与发展。每一领域的具体要求如下：

（一）环境的创设与利用

该领域的要求如下：

（1）建立良好的师幼关系，帮助幼儿建立良好的同伴关系，让幼儿感到温暖和愉悦。

（2）建立班级秩序与规则，营造良好的班级氛围，让幼儿感受到安全、舒适。

（3）创设有助于促进幼儿成长、学习、游戏的教育环境。

（4）合理利用资源，为幼儿提供和制作适合的玩教具和学习材料，引发和支持幼儿的主动活动。

（二）一日生活的组织与保育

该领域的要求如下：

（1）合理安排和组织一日生活的各个环节，将教育灵活地渗透到一日生活中。

（2）科学照料幼儿日常生活，指导和协助保育员做好班级常规保育和卫生工作。

（3）充分利用各种教育契机，对幼儿进行随机教育。

（4）有效保护幼儿，及时处理幼儿的常见事故，危险情况优先救护幼儿。

（三）游戏活动的支持与引导

该领域的要求如下：

（1）提供符合幼儿兴趣需要、年龄特点和发展目标的游戏条件。

（2）充分利用与合理设计游戏活动空间，提供丰富、适宜的游戏材料，支持、引发和促进幼儿的游戏。

（3）鼓励幼儿自主选择游戏内容、伙伴和材料，支持幼儿主动地、创造性地开展游戏，充分体验游戏的快乐和满足。

（4）引导幼儿在游戏活动中获得身体、认知、语言和社会性等多方面的发展。

（四）教育活动的计划与实施

该领域的要求如下：

（1）制订阶段性的教育活动计划和具体活动方案。

（2）在教育活动中观察幼儿，根据幼儿的表现和需要，调整活动，给予适宜的指导。

（3）在教育活动的设计和实施中体现趣味性、综合性和生活化，灵活运用各种组织形式和适宜的教育方式。

（4）提供更多的操作探索、交流合作、表达表现的机会，支持和促进幼儿主动学习。

（五）激励与评价

该领域的要求如下：

（1）关注幼儿日常表现，及时发现和赏识每个幼儿的点滴进步，注重激发和保护幼儿的积极性、自信心。

（2）有效运用观察、谈话、家园联系、作品分析等多种方法，客观地、全面地了解和评价幼儿。

（3）有效运用评价结果，指导下一步教育活动的开展。

（六）沟通与合作

该领域的要求如下：

（1）使用符合幼儿年龄特点的语言进行保教工作。
（2）善于倾听，和蔼可亲，与幼儿进行有效沟通。
（3）与同事合作交流，分享经验和资源，共同发展。
（4）与家长进行有效沟通合作，共同促进幼儿发展。
（5）协助幼儿园与社区建立合作互助的良好关系。

（七）反思与发展

该领域的要求如下：

（1）主动收集、分析相关信息，不断进行反思，改进保教工作。
（2）针对保教工作中的现实需要与问题，进行探索和研究。
（3）制定专业发展规划，积极参加专业培训，不断提高自身专业素质。

第四节　幼儿园教师的作用

幼儿教育面对的受教育者是 3～6 岁的幼儿，他们的身心发展还不成熟，这决定了幼儿教育的难度和特殊性。幼儿园教师是幼儿教育的关键力量，其作用包括宏观、中观和微观三个层面。

一、宏观层面：幼儿园教师是人类文化的传递者

人类社会的延续不仅体现在物种的延续上，还体现在文化的延续上。人类在长期发展的过程中，积累了丰富的劳动经验，产生了大量的文化知识和思想意识。这些精神财富都需要传递给下一代，才能促进人类不断发展。幼儿园教师是个体接受教育接触的第一位专业教师，对幼儿的发展起着关键性的作用。幼儿园教师不仅要注重健康教育，还要对幼儿进行一定的文化教育和思想教育，将人类文化通过简单的方式传递给幼儿，让幼儿能够对人类文化有简单的认识，为幼儿正确认识世界奠定基础。

二、中观层面：幼儿园教师是提高我国幼儿教育水平的关键力量

幼儿教育是我国教育体系的重要组成部分。随着我国教育事业的不断发展，人们对幼儿教育的要求也在不断提高。幼儿园教师作为幼儿教育的关键力量，在促进幼儿教育发展中发挥着不容忽视的作用。幼儿园教师长期工作在教育一线，在与幼儿的长期接触中，可以获得大量的一手教育资料和教育经验，这些资料和经验对幼儿教育的研究具有非常重要的意义。此外，在实施教育的过程中，很多幼儿园教师在教育理论的指导下，对教育方法进行了积极的探索和实践，总结了幼儿教育的规律，在很大程度上促进了我国幼儿教育的发展。其实，自我国实施幼儿教育以来，很多幼儿园教师都同时肩负着教育者和研究者的责任，在组织教育活动的过程中，积极进行幼儿教育研究，为我国幼儿教育的发展做出了巨大的贡献。未来，广大的幼儿园教师将在其岗位上继续发挥教育和教育研究的作用，持续为我国幼儿教育事业的发展做出贡献。

三、微观层面：幼儿园教师是幼儿全面发展的促进者

现代教育强调受教育者的全面发展。幼儿阶段是一个人成长的奠基时期。幼儿在该阶段接受的教育会影响其今后的发展。幼儿园教师在开展教育活动时，不能仅仅关注幼儿对知识的学习，不能让幼儿教育小学化，要让幼儿教育符合幼儿的身心发展规律，符合国家对幼儿教育的要求。同时，教师也不能只关注幼儿身体素质的发展，而是要关注幼儿综合素质的发展，综合素质包括德、智、体、美、劳五个方面的素质。要做到这一点，幼儿园教师就要了解每一位幼儿的兴趣爱好、习惯、性格、能力等，根据幼儿的实际情况有目的、有

计划地组织教育活动，使幼儿在德、智、体、美、劳各个方面都能获得初步的发展，为其今后的发展打下坚实的基础。

第五节　幼儿园教师的多维技能

一、幼儿园教师多维技能概述

幼儿园教师掌握多种技能，才能满足学前教育的需求。笔者以《幼儿园教师专业标准（试行）》中的诸多要求为基础，列出幼儿园教师必须掌握的多维技能：口语技能、舞蹈技能、美术技能、音乐技能、戏剧编导技能、游戏活动组织技能、课堂教学组织技能、书写技能、多媒体课件制作技能、说课技能、听课技能、评课技能等。对于这些技能可以进行归类或细化，归类与细化的结果如表1-1所示。

表1-1　幼儿园教师多维技能归类与细化表

类别	细化
口语技能	教育口语技能
	教学口语技能
	交际口语技能
艺术教育相关技能	舞蹈技能
	美术技能
	音乐技能
	戏剧编导技能
游戏活动组织技能	角色类游戏活动组织技能
	表演类游戏活动组织技能
	结构类游戏活动组织技能

续　表

类别	细化
其他教育教学相关技能	课堂教学组织技能
	书写技能
	多媒体课件制作技能
	说课、听课与评课技能

二、幼儿园教师多维技能训练的意义

幼儿园教师多维技能训练具有多方面的重要意义。从宏观到微观来看，幼儿园教师多维技能训练的意义体现在促进学前教育发展、促进幼儿教育质量提高和促进教师的专业发展三个方面。

(一)促进学前教育发展

教师是教育的基石。要想推动教育发展，需要构建高质量的教师队伍。如果没有高质量的教师队伍，再完善的教育改革计划也很难推进，教育质量也难以提高。周济在《以人为本　人才强校》一文中指出："教育质量的高低乃至整个教育事业的成败，从根本上讲，都取决于教师队伍的素质。"[1] 教育的发展离不开教师这一核心要素。对幼儿园教师开展多维技能训练非常有必要，是促进幼儿园教师队伍高质量发展的重要手段，也是促进学前教育发展的有效途径。

(二)促进幼儿教育质量提高

如何促进幼儿教育质量提高，是一个仁者见仁、智者见智的问题。但有一点是可以肯定的，那就是促进幼儿教育质量提高必须以专业的教师队伍为支撑。从提高幼儿教育质量的角度来看，对幼儿园教师开展多维技能训练，是促进幼儿教育质量提高的一条有效路径。需要注意的是，幼儿教育质量的提高不是依靠某个教师，而是依靠整个教师团队，所以幼儿园教师多维技能训练面向的是全体幼儿园教师。此外，幼儿园教师相互配合，才能构成一个完整的教师团队。因此，幼儿园教师开展多维技能训练，还需要相互配合，由此产生

---

[1] 周济．以人为本　人才强校[J]．国家教育行政学院学报，2004（2）：1-15．

$1+1+\cdots+1 > n$ 的训练效果，进而借助幼儿园教师队伍的发展推动幼儿教育质量的提高。

（三）促进教师的专业发展

对于幼儿园教师来说，多维技能训练是其专业化发展的一种有效手段。通过多维技能训练，教师对幼儿教育教学相关技能的掌握越来越熟练，其专业素质不断提升，从而满足学前教育对教师的要求。此外，幼儿园教师只有不断训练与教育教学相关的多维技能，才能跟上学前教育发展的步伐。幼儿园教师要具备终身发展的理念，不断学习，不断锻炼自身的技能，为我国学前教育事业的发展奋斗终身。

第二章 幼儿园教师形体与礼仪训练

第一节　形体与礼仪概述

一、形体概述

（一）形体的定义

形体一般指人身体的形态,是在先天遗传和后天影响的双重作用下表现出来的身体形态的相对稳定的特征。后天影响可以塑造人的形体。人们通过后天的形态训练,可使自身形体的优点得到放大,使形体的不足之处得到改善,从而使形体变得更美。

（二）形体的构成

人的形体主要由三个要素构成：一是外部形态的体型和体格,二是构成人体内部结构的骨骼、肌肉和脂肪,三是形体姿态。

1.外部形态的体型和体格

（1）体型：体型指人身体各部位的比例,如上半身和下半身的比例。从外表来看,一个人的身体是由头部、躯干、四肢组成的,所以一个人的头部、躯干、四肢的比例是否协调在很大程度上影响着其体型。此外,胸围、腰围、腿围等也是影响体型的重要因素。以女性为例,将身体各部位的比例量化,标准的体型数据如下：

①上下身比例：以肚脐为分界线,上半身和下半身的标准比例为5：8。

②胸围：由腋下沿胸部最丰满处进行测量。标准的胸围为身高的一半。

③腰围：腰围指经脐部中心的水平围长,或肋最低点与髂嵴上缘两水平线间中点线的围长。腰部最细的部分应比胸围小20厘米。

④髋围：髋围指体前耻骨平行于臀部最大部位的围长。标准的髋围比胸围大4厘米。

⑤大腿围：在大腿的最上部位,臀折线下。标准的大腿围比腰围小10厘米。

⑥小腿围：小腿围为小腿最丰满处的围长。标准的小腿围比腰围小20厘米。

⑦上臂围：上臂围指肩关节与肘关节中间部位的围长。标准的上臂围为大腿围的一半。

⑧颈围：颈围指颈中部最细处的围长。标准的颈围与小腿围一致。

⑨肩宽：肩宽指两肩峰之间的距离。标准的肩宽为胸围的一半减4厘米。

（2）体格：体格指人体外表的形态结构，体现为人身体的整体指数，如身高、体重、胸围、腰围等。前面论述人身体各部位的比例时，对身体各部位的指数也进行了简要的阐述，此处不再赘述。

2. 构成人体内部结构的骨骼、肌肉和脂肪

（1）骨骼：人体骨骼是人体内坚硬的组织，起着支撑人身体的作用。骨骼是形成人身体形状的关键结构。矫正骨骼，可以改善人的身体形态。

（2）肌肉：人体肌肉约639块，包括平滑肌、心肌、骨骼肌，主要由肌肉组织构成。肌肉的主要作用是牵引骨骼而产生关节运动。此外，它还是形成人身体形态的重要结构层。人们锻炼肌肉，可以改善身体形态。

（3）脂肪：脂肪是人身体的重要组成部分和储能部分，存在于人体的皮下组织中。脂肪对人身体形态的影响很突出，也很常见。人们应加强身体锻炼，注意饮食，使体脂率保持在正常的范围内。

3. 形体姿态

形体姿态又称体态，是人动作、神态、气质的综合体现。优美的形体姿态不仅能体现人的整体美，还能反映一个人的气质与精神风貌。形体姿态是展示人的内在美的一个窗口。在人际交往中，用优雅自然的形体姿态表情达意，有时比语言更让人感到生动。

（三）形体美

人的形体美是指人体外形的协调、匀称，是一种整体美，主要由五个要素构成，如图2-1所示。

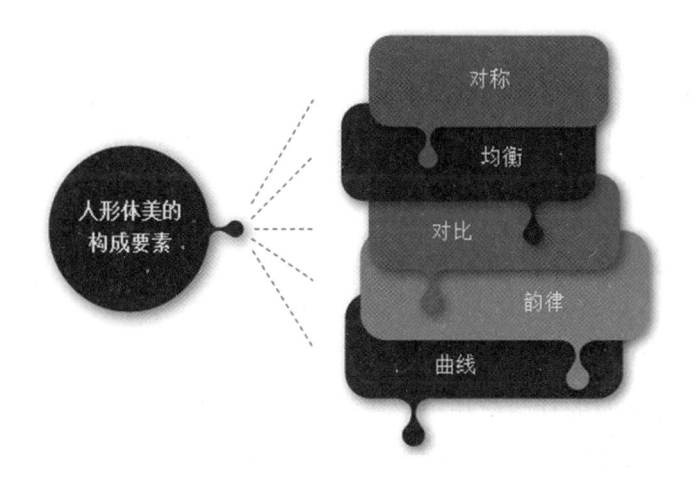

图 2-1 人形体美的构成要素

1. 对称

人形体的对称指左右对称,即以脊柱为中线,人的左半身和右半身平衡发展。当然,这种对称是相对的,不是绝对的,因为人的左半身和右半身不可能完全实现平衡发展。如果人身体存在的一些非对称因素并不影响形体美,或对形体美的影响非常小,则可以忽视。如果人身体存在的一些非对称因素对形体美影响较大,如高低肩、脊柱弯曲等,则需要进行矫正。

2. 均衡

均衡指人身体各部位的发育符合一定的比例,如上肢、下肢与身高的比例以及头与身高的比例等。均衡的形体能够给人一种竖看直立、横看开阔的感觉。

3. 对比

人的形体要符合对比的规律,比如,男子和女子要能够体现出阳刚之美和阴柔之美的对比。此外,人身体各部位也要在对比中呈现出协调,这是在均衡的基础上实现的。

4. 韵律

韵律主要体现在人"动"的行为中,即人在"动"(包括步行、跑步等"动"的行为)的过程中,给人一种舒适的节奏感。

5. 曲线

人形体的曲线美体现在人体外部呈现的线条上。男性和女性的曲线美是存在差异的,男性的曲线整体来看应该是刚劲、粗犷的,女性的曲线整体来看应该是纤细、平滑的。

二、礼仪概述

(一)礼仪的含义

礼仪是在人们的社会交往中形成的行为规范和准则,是人们为维系正常社会生活而共同遵守的基本道德规范,其实质是人们在一种利己的交换行为的基础上对他人的尊重。[①]对礼仪的含义进行剖析,可将其分为礼貌、礼节和仪式。

礼貌是人们在相互交往过程中通过语言、仪容、仪态等表示友好和敬重的行为规范,如称呼、微笑、主动打招呼、表示歉意、道谢等。

礼节是指在比较正式的交际场合,人们相互表示祝贺、问候、致意、哀悼、慰问、尊重以及给予必要协助和照料的形式,如介绍、握手、拥抱、馈赠礼物等。

仪式是指具有专门规定的程序化规则的活动,是一种隆重的礼节,如签字仪式、颁奖仪式、迎送仪式、开幕式、升旗仪式、奠基仪式等。

礼貌是礼仪的基础,体现一个人的品质和素养;礼节是礼貌的升华,是礼仪的主要组成部分;仪式是礼貌的最高级表达形式,是礼仪的秩序化规范。礼仪作为一种社会文化和文明的象征,促进了人们的社会交往。

(二)礼仪的构成

礼仪主要由四个要素构成:礼仪的主体、礼仪的客体、礼仪的媒体、礼仪的环境。礼仪的主体指礼仪活动的实施者和操作者。礼仪的客体指礼仪的指向者和承载者。礼仪的媒体指实施礼仪活动依托的媒介。礼仪的环境指礼仪活动得以形成的特定的时空条件。这四个要素紧密联系,缺一不可(图2-2)。

---

① 安徽,徐晓沄.商务礼仪探源[J].北京市经济管理干部学院学报,2006(3):37-40.

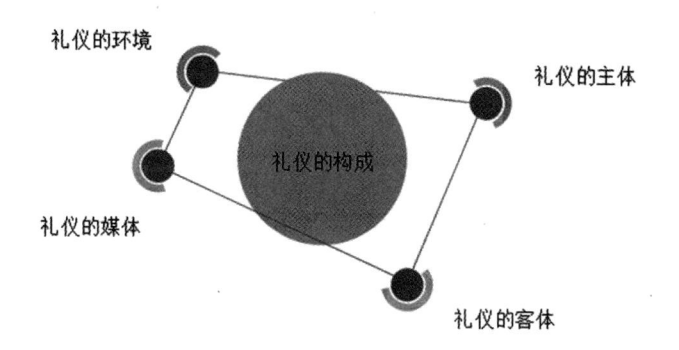

图 2-2　礼仪的构成

（三）礼仪的特点

1. 普遍性

有人类生活的地方，便存在着各种各样的礼仪规范，这是礼仪普遍性的一种体现。此外，礼仪也渗透社会的方方面面，大到一个国家的政治、经济和文化，小到个人的日常生活，礼仪都普遍存在于其中。

2. 差异性

俗话说："百里不同风，千里不同俗。"在不同的地域，由于文化背景不同，礼仪也可能存在一定的差异。比如，在不同的地区，见面问候礼的形式便不一样，在有些地区人们见面要握手，在有些地区人们见面要拥抱，在有些地区人们见面要双手合十，在有些地区人们见面要脱帽点头，等等。虽然礼仪的形式不同，但其本质是相同的。

3. 继承性

人类的礼仪文化源远流长。在礼仪文化发展的过程中，人类不断地取其精华，去其糟粕。比如，"温良恭俭让""尊老爱幼"等行为规则被继承下来，而一些和封建迷信相关的礼仪被剔除。另外，在继承传统礼仪的同时，人类也不断发明新的礼仪。总之，人类对礼仪的继承不是盲目的，而是有选择性地继承；人类也会在继承传统礼仪的基础上不断创新和发展礼仪。

4. 时代性

礼仪属于文化的范畴，具有鲜明的时代特色。以见面礼为例，在古代，作揖（行礼时，双手互握合于胸前，一般右手握拳在内，左手在外）是常见的见面礼，而现代的见面礼是握手、打招呼等。

（四）礼仪的功能

礼仪在人们的日常生活和工作中具有非常重要的功能。具体而言，礼仪具有教育功能、维护功能、塑造功能和沟通功能等。

1. 教育功能

礼仪的教育功能包括其对人的直接影响和间接影响两方面。从礼仪对人的直接影响来看，教导人们遵守礼仪，可以让人们认识到哪些言行是正确的，哪些言行是错误的，这是礼仪教育功能的直接体现。从礼仪对人的间接影响来看，讲究礼仪的行为可以起到示范作用，可以潜移默化地影响周边的人，起到教育他们的作用。

2. 维护功能

礼仪已经渗透人类社会的方方面面，对人类的影响是非常广泛的。这种广泛性决定了礼仪在维护社会秩序上能发挥重要作用。此外，礼仪作为一种社会行为规范，还具有很强的约束力，这种约束力加上礼仪广泛性的特点，使礼仪成了维护社会秩序的一个不可或缺的要素。

3. 塑造功能

礼仪的塑造功能体现在其对个体外在美和内在美的塑造上。礼仪的行为美学指导着人们不断改善自身的言行，这对个体外在美的塑造具有非常积极的作用。的确，一个谈吐文明、举止得体的人的仪态是良好的。这种对外在美的塑造也会对个体的内在美产生潜移默化的影响。礼仪对个体内在美的塑造也能够起到一定的积极作用。

4. 沟通功能

礼仪的沟通功能体现在其蕴含的信息上。身体语言也是人类沟通的一种手段。礼仪作为一种身体语言，也蕴含着一定的信息。比如，人们见面时，握手和打招呼都传递着尊重和友好的信息。在人际交往中，交往的双方都需要遵守礼仪规范。这样，交往的双方才能准确地传达出友好的信息，人际交往才能够更加顺利地进行。

第二节 幼儿园教师形体训练

一、形体训练的定义

形体训练是指以运动人体科学理论为基础，徒手或利用各种器械，运用专门动作的方式和方法，以改变人的形体的原始状态、增强人体灵活性、增强人体可塑性为目的的形体素质基本练习。形体训练可以提高人的形体表现力，使人的形体更加匀称和协调。

二、幼儿园教师形体训练的目的

幼儿园教师形体训练的目的除了增强身体灵活性、增强身体可塑性之外，还包括获得体形美、动作美、姿态美和气质美。

（一）体形美

体形美表现为人身体的协调和匀称。身高和体重是影响人的体形美的两个重要因素。身高和体重比例越协调，人的体形就越美。此外，人身体的一些细节也会影响人整体的形态美。幼儿园教师形体训练的目的之一就是改善这些细节，从而使教师的身体更加匀称和协调。

（二）动作美

动作美指人身体各部位在运动过程中呈现出来的外部形态美，准确、协调、轻松的动作具有较强的美感。幼儿园教师形体训练的目的之一就是使教师的动作更加准确、协调和轻松，从而使教师具有动作美。

（三）姿态美

姿态美是指在行、坐、立等状态中身体姿态呈现出来的美。幼儿园教师形体训练的目的之一就是要矫正教师错误的姿势，从而使教师具有姿态美。

（四）气质美

气质美是人们在自然的举手投足间或衣着打扮、言语上给他人带来的一种美感或好感。气质美是人相对稳定的个性特征，不仅体现在外在上，还体现在内在上。幼儿园教师在加强形体训练的同时，还需要注重道德素养、文化素养、美学素养的提升。

三、幼儿园教师形体训练的方法

幼儿园教师形体训练的主要部位为头颈部、肩部、手臂、腰部和腿部。其训练方法如下。

（一）头颈部训练

（1）前后屈：站立姿势，双腿分开，双手叉腰，头颈微微用力，慢慢向前屈，当颈后部肌肉拉长至最大限度后，慢慢抬头，肩背下沉，头颈向后屈，直到最大限度，还原。

（2）左右侧屈：站立姿势，双腿分开，左手从头顶绕过，指尖抵住右侧太阳穴，然后左手稍稍用力，将头向左侧扳，颈部也稍稍用力，抵抗左手的力，停留数秒后，还原；换右手进行相同动作。

（3）转向：站立姿势，双腿分开，双手叉腰，水平转动头颈，先向左转动 90°，还原，然后向右转动 90°，还原。

（4）环绕：站立姿势，双腿分开，双手叉腰，使头颈部从左向右水平转动 180°，再从右向左转动 180°。

重复上述动作 8～10 次。

（二）肩部训练

（1）前后耸肩：肩关节一前一后移动，带动大臂，下身尽可能保持不动。

（2）提肩：用力向上提起肩关节。

（3）开肩：平举两臂，然后使双手互握于背后，肩部向后用力，拉伸双肩。

（4）水平拉伸三角肌：左臂向右经体前呈侧平举，掌心向后，右手放在左臂上，有节奏地向后进行按压。

重复上述动作 10～12 次。

（三）手臂训练

（1）上举：两臂向上举，使大臂与水平面平行，掌心相对或向前。

（2）前平举上下翻掌：两臂向上抬，使整个胳膊与水平面平行，掌心上下翻转。

（3）侧平举上下翻掌：两臂由各自的侧方向向上抬，使整个胳膊与水平面平行，掌心上下翻转。

（4）双臂侧平举立掌绕环：两臂由各自的侧方向向上抬，使整个胳膊与水平面平行，手掌直立，尽可能与胳膊呈90°角。

（5）提腕：单侧手臂向上抬，使整个胳膊与水平面平行，手掌打开，腕关节做向上提的动作。

（6）压腕：单侧手臂向上抬，使整个胳膊与水平面平行，手掌打开，腕关节做向下压的动作。

重复上述动作10～12次。

（四）腰部训练

（1）含胸与扩胸：双肩自然前后振动，振动幅度由小到大。

（2）下压腰：双腿开立，腰向前下压，直到手指触地。

（3）侧压腰：双脚开立，两臂自然在体侧下垂，然后左手叉腰，右臂上举，上身向左侧倾倒，左右交替进行。

（4）手握脚踝深蹲：身体下蹲，两腿尽量呈一条直线，双手握住脚踝，上身前倾。

（5）双臂上举体侧：双脚开立，两臂自然在体侧下垂，然后双臂上举，双手十指相扣握紧，上身向左侧倾倒，左右交替进行。

重复上述动作10～12次。

（五）腿部训练

（1）擦地：两臂展开，双脚并拢，一只脚以擦地的形式向前移动，移动距离以身体不失去平衡为宜。

（2）控腿：双臂展开，一只脚站立，另一只脚向前抬起，抬到最高点停住，停留10～15秒。

（3）前压腿：身体直立，一条腿向前弯曲，呈弓步，髋关节小幅度向下压，重复4次，左右腿交替进行。

（4）侧压腿：身体直立，一条腿向侧方伸出，另一条腿弯曲，髋关节小幅度向下压，重复4次，左右腿交替进行。

（5）提踵：将身体向上提，脚后跟离地，同时手臂抬起，由侧举至上举。

（6）腿部的绕环：一只脚支撑着身体，另一只脚抬起，由侧踢腿向内或向外做绕环的动作。

重复上述动作 10～12 次。

四、幼儿园教师形体训练的注意事项

幼儿园教师在进行形体训练时，需要注意如下事项。

（一）训练前的准备活动

在开始形体训练之前，幼儿园教师应做好准备活动。幼儿园教师在做准备活动时，应注意如下几点：

（1）准备活动的强度应逐渐由小到大。当然，准备活动的目的是热身，所以准备活动的强度不能太大。

（2）准备活动的时间以 10 分钟左右为宜。当然，幼儿园教师可根据季节和自我感觉调节准备活动时间。比如，夏季准备活动的时间可以稍短，冬季准备活动的时间可以稍长。

（3）在做准备活动时，以感觉到四肢关节灵活、全身发暖、身体轻松和有力为参考标准。身体出现这些感觉后，说明准备活动已经比较充分了，教师可以开始进行形体训练了。

（二）训练后的整理活动

在形体训练结束后，幼儿园教师还应该做一些整理活动。幼儿园教师在做整理活动时，应注意如下几点：

（1）先慢跑，然后做全身性的肌肉放松运动。

（2）整理活动的强度不能太大，以不超过形体训练活动强度的 50% 为宜。

（3）整理活动应包含呼吸运动。教师做呼吸运动，不仅可以锻炼心肺功能，还可以调节神经系统。

（三）训练时间的合理安排

形体训练时间的安排是影响训练效果的一个重要因素。幼儿园教师要合理安排形体训练的时间。

（1）形体训练的时间以下午 4 点至 6 点为宜。

（2）如果在饭前进行形体训练，则应在训练结束 30 分钟后再进食；如果运动量较大,则需要在训练结束 45 分钟后再进食。

(3) 如果在饭后进行形体训练,则需要在进食后休息 1~2 小时,再开始训练。

(4) 如果选择在夜间进行形体训练,则需要将训练安排在睡前 1~2 小时。

(四)训练期间的饮食

在训练期间,应注意蛋白质、脂肪、糖、维生素、无机盐、水分的补充,同时避免训练后的暴饮暴食。

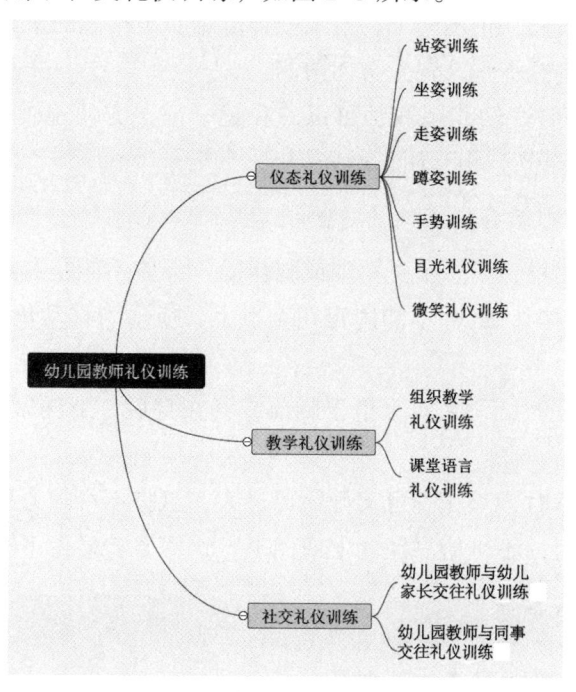

第三节　幼儿园教师礼仪训练

幼儿园教师礼仪是基于幼儿园教师这一角色形成的礼仪。无论在教学中,还是在日常的社会交往中,幼儿园教师都需要遵守一定的礼仪。幼儿园教师进行礼仪训练非常有必要。具体而言,幼儿园教师礼仪训练主要包括仪态礼仪训练、教学礼仪训练和社交礼仪训练,如图 2-3 所示。

图 2-3　幼儿园教师礼仪训练

一、幼儿园教师仪态礼仪训练

幼儿园教师仪态礼仪训练包括站姿训练、坐姿训练、走姿训练、蹲姿训练、手势训练、目光礼仪训练和微笑礼仪训练。

(一) 站姿训练

1. 对幼儿园教师站姿的基本要求

站姿在一定程度上反映了教师的精神面貌。良好的站姿能够提升教师对幼儿的感召力,也能够给人以积极向上、舒展大方的印象。对幼儿园教师站姿的基本要求是站立时身体挺直、灵活、稳重、自然、舒展。

2. 幼儿园教师站姿训练的方法

(1) 躯干挺直,双腿分开(男教师双腿分开距离与肩同宽;女教师双腿微微分开,或双脚并拢,脚尖分开,呈"V"字形),身体重心位于两腿中央,挺胸、收腹、立腰。

(2) 抬头正视前方,嘴唇微闭,面带微笑,表情自然平和。

(3) 两肩放松,稍稍向下,给人一种舒展、不拘谨的感觉。

(4) 双臂自然下垂,置于身体两侧。

在训练站姿时,幼儿园教师可以站在镜子前,方便检查自己的站姿,也可以和同事相对而立,相互纠正站姿错误。

3. 幼儿园教师站姿训练的注意事项

(1) 站姿要稳,切忌全身抖动或腿抖动,身体不能左右摇晃。

(2) 在站立时,教师不能固定在一点上,应适当移动位置,从而使站姿显得更加自然。

(3) 在站立时,切忌双手抱于胸前或背在身后,那样做会给幼儿一种傲慢的感觉。

(4) 在站立时,双腿不可叉开距离过大,双脚不可随意乱动。

(5) 站立时,不可倚靠在墙上或门上,这些姿势显得不够端正。

(二) 坐姿训练

1. 对幼儿园教师坐姿的基本要求

坐姿是幼儿园教师教学或与幼儿交流时经常采用的姿势。如果幼儿园教师的坐姿不正确、不规范，不仅会使精神状态看起来较差，还容易导致腰酸背痛等问题。因此，幼儿园教师坐姿训练非常有必要。对幼儿园教师坐姿的基本要求是坐着时身体稳重、自然、大方、挺直。

2.幼儿园教师坐姿训练的方法

（1）抬头目视前方，不要出现歪头、仰头、低头的情况。

（2）保持上半身挺直，保持颈、胸、腰平直，不要倚靠椅背。

（3）小腿与地面保持垂直，或稍稍向内收，切忌将腿向外伸出，以免影响他人行走。

（4）如果身前有桌子，可将双臂放在桌子上；如果身前没有桌子，可将双臂分别放在双腿上，双手各扶一条大腿。

在训练坐姿时，幼儿园教师可以坐在镜子前，方便检查自己的坐姿，也可以和同事相对而坐，相互纠正坐姿错误。

3.幼儿园教师坐姿训练的注意事项

（1）就座时，以占用椅面的三分之二为宜，不要坐满椅面。

（2）双腿不可叉开距离过大，包括大腿和小腿。身穿裙装的教师尤其要注意这一点。

（3）切忌摇晃或抖动双腿。教师如果摇晃或抖动双腿，就容易给人留下不安稳的印象。

（4）脚不可踩踏物品，应放在地面上。

（5）不可用手触摸脚部。用手触摸脚部既不雅观，也不卫生。

（6）除休息外，不可倚靠椅背，更不可跷起二郎腿，那样做会给人留下不礼貌的印象。

（7）如果要与他人交谈，应面向对方，并且应该使整个上半身都朝向对方。

（三）走姿训练

1.对幼儿园教师走姿的基本要求

在开展教育活动的过程中，幼儿园教师常常需要走动，要有良好的走姿。因此，幼儿园教师走姿训练非常有必要。对幼儿园教师走姿的基本要求是，男教师走得稳重、有力、大方，女教师走得自如、落落大方、轻柔。

2. 幼儿园教师走姿训练的方法

（1）保持上身挺直，挺胸收腹，头正颈直，目视前方，面带微笑。

（2）双肩平稳，双臂自然摆动，摆动幅度不能过大，也不能过小。

（3）行走速度应适中，不宜过快，行走过快会给人轻浮、急躁之感；也不能过慢，行走过慢会给人拖沓、无力之感。当然，幼儿园教师也可以根据场合调整自己的步伐速度。比如，当组织一些欢快的活动时，教师的步伐可适当加快。

（4）出脚和落脚时，双脚应和前进的方向近乎呈一条直线，可稍稍向外，但切忌出现"外八字"和"内八字"的情况。

在训练走姿时，幼儿园教师可以站在镜子前面行走，方便检查自己的走姿，也可以和同事相对而行，相互纠正走姿错误。

3. 幼儿园教师走姿训练的注意事项

（1）不可弯腰驼背，如果感觉累了，可以坐下适当休息。

（2）不可面无表情，在行走的时候应始终面带微笑，给幼儿以亲切感。

（3）不可东张西望。教师如果东张西望，就容易给人不稳重之感，也容易分散幼儿的注意力。

（四）蹲姿训练

1. 对幼儿园教师蹲姿的基本要求

在开展教育活动的过程中，幼儿园教师有时需要蹲下来和幼儿进行交流，以便带给幼儿平等、尊重和亲切的感觉。因此，幼儿园教师蹲姿训练非常有必要。对幼儿园教师蹲姿的基本要求是蹲姿自然、得体、大方。

2. 幼儿园教师蹲姿训练的方法

（1）下蹲时，保持上身挺直，一脚在前，一脚在后，前脚的脚掌全部着地，后脚的脚掌前部分着地。

（2）保持下蹲姿势时，上身继续保持挺直，女教师双腿应尽量靠拢，男教师双腿可适度分开。

（3）头正颈直，或头稍稍下低，面向幼儿，面带微笑。

（4）双手交叠放在膝盖上。

在训练蹲姿时，幼儿园教师可以蹲在镜子前，方便检查自己的蹲姿，也可以和同事面对面蹲下，相互纠正蹲姿错误。

3.幼儿园教师蹲姿训练的注意事项

（1）不可两腿展开直接蹲下。这种姿势不优雅。

（2）女教师不可穿过短的裙装，胸口的衣领不可过低。女教师如果穿过短的裙装，或胸口的衣领过低，就不方便下蹲。

（3）下蹲时，应与幼儿保持适当的距离。教师与幼儿距离过远，会减少亲切感，也不容易让幼儿感受到教师的关注；距离过近，容易给幼儿造成压力。

（五）手势训练

1.对幼儿园教师手势的基本要求

手势是一种身体语言，也是一种比较复杂的符号，能够传达一定的意义。幼儿园教师正确使用手势，不仅可以体现自身的修养和风度，还可以有效传递信息。对幼儿园教师手势的基本要求是手势简约明快、雅观自然、协调一致、自然亲切、适时适度。

2.幼儿园教师手势的类型

根据幼儿园教师手势的作用，可将其大致分为四种类型。

（1）指示手势，即指示具体对象的手势。

（2）形象手势，即用来模拟事物形态的手势。

（3）象征手势，即用来表示抽象意义的手势。

（4）情意手势，即用来传递情感的手势。

3.幼儿园教师手势训练的方法

在幼儿园教学中，教师常用的手势有垂放、鼓掌、夸赞和指示。幼儿园教师可以重点对这几种手势进行训练。在训练手势时，幼儿园教师可以站在镜子前，方便检查自己的手势，也可以和同事面对面使用手势，相互纠正手势错误。

（1）垂放：有两种训练方法。

①双手伸直下垂，掌心向内，分别贴放于大腿的两侧。

②双手自然下垂，然后抬起，掌心向内，叠放在腹前。

（2）鼓掌：鼓掌能够表达欢迎、支持和祝贺。教师训练鼓掌时，右手掌心向下，左手掌心向上，有节奏地相互拍击。无论坐着，还是站立，教师鼓掌时都应保持身体挺直。

（3）夸赞：最常用的夸赞手势是大拇指竖起。教师训练夸赞手势时，伸出右手，除大拇指外，其余四指紧握，竖起大拇指，指尖向上，指腹面向被夸赞者。

（4）指示：将左手或右手抬至一定高度，五指并拢，掌心向内，指尖指向指示的方向或内容。

4. 幼儿园教师手势训练的注意事项

（1）不可当众用手掏耳朵、剔牙、挖鼻孔、挠头皮等。这些动作不雅观，而且有失教师的威仪。

（2）不可用手指指点他人。这是不礼貌的行为，也含有教训人的意味。

（3）与幼儿或其他人交谈时，不可指手画脚，不能使手势动作过大。

（4）在使用指示手势时，不可只伸出一个或两个手指，而是要将手指并拢，全部伸出。

（六）目光礼仪训练

眼睛是心灵的窗户。幼儿园教师要充分利用这扇窗户，向幼儿传递一些重要的信息，并表达自己对幼儿的鼓励和关爱。对于幼儿园教师来说，目光礼仪也是一种非常重要的礼仪。幼儿园教师有必要开展目光礼仪训练。

1. 幼儿园教师目光礼仪训练的方法

在进行目光礼仪训练时，教师可以站在镜子前，方便观察自己的目光，也可以和同事合作，将同事当成注视对象（幼儿）。训练方法如下：

（1）注视幼儿时，面带微笑，切忌面无表情。

（2）注视幼儿时，应将视线放在幼儿眼睛和嘴巴的三角区。注视的时间不宜过长，也不宜过短，以交谈时间的30%~60%为宜。

（3）在注视幼儿时，眼珠稍稍转动，切忌转动过快或过慢。眼珠转动过快容易给人不庄重的感觉，也显得不真诚；眼珠转动过慢则显得缺乏生气。

（4）可利用镜子感受责怪、漠视等目光，加深对这些目光的认识，避免在教学过程中使用这些目光。

2. 幼儿园教师目光礼仪训练的注意事项

（1）不要斜视。斜视是一种鄙夷的眼神，是对幼儿不尊重的体现。

（2）不要瞪眼。人们常常用瞪眼表示自己的愤怒或不满，这种目光容易让幼儿产生畏惧心理或产生敌意。

（3）不要眯眼。眯眼会让人产生一种对方不怀好意的感觉，或者让人产生对方困倦的感觉。

（4）不要盯人。盯人是一种不礼貌的行为，也容易给幼儿造成心理压力。

（七）微笑礼仪训练

微笑是极具魅力的身体语言，既可以表示人的愉悦，也可以表示对他人的赞美和友好。对于幼儿来说，教师的微笑是鼓励，是赞美，是欣赏，是关心。教师要学会正确地使用微笑。教师有必要开展微笑礼仪训练。

1.幼儿园教师微笑礼仪训练的方法

幼儿园教师在训练微笑礼仪时，可以对着镜子练习微笑，也可以请同事帮忙指出问题，解决问题。训练方法如下：

（1）放松面部肌肉，嘴角微微翘起，使嘴唇呈弧形，不露出牙齿，或者露出6～8颗牙齿，保持10～15秒。

（2）利用筷子训练：用门牙轻轻咬住筷子，将嘴角对准筷子，然后两边嘴角微微翘起，保持这种状态10～15秒。在这种状态下，轻轻地拔出筷子，维持该状态10～15秒。

（3）在训练口型时，还需要注意口型与面部其他部位的配合，尤其注意口型和眼睛的配合，要使眼神充满笑意。

2.幼儿园教师微笑礼仪训练的注意事项

（1）笑容要真诚。切忌假笑。

（2）笑容以微笑为主。除特殊场合外，不要大笑，不要发出太大的笑声，也不要露出太多的牙齿。

（3）在对待同事、上级、幼儿家长、幼儿时，微笑应一致。

需要注意的是，幼儿园教师仪态礼仪训练的目的是让教师在教学或与他人交往的过程中能够保持较好的仪态，为幼儿做榜样，也可以更好地展示幼儿园教师的形象。教师可以不必完全遵照前述礼仪规范进行教学，而是要根据具体的情况进行灵活的姿态变动，从而使仪态更加自然。

二、幼儿园教师教学礼仪训练

幼儿园教师教学礼仪训练主要包括组织教学礼仪训练和课堂语言礼仪训练。

（一）组织教学礼仪训练

组织教学是课堂教学中的重要环节。教师有效地组织教学可以提高教学效率。在组织教学时，幼儿园教师需要注意礼仪。幼儿园教师有必要对组织教学礼仪进行一定的训练。

在组织教学的过程中，有一些行为是被禁止的。教师在训练组织教学礼仪之前，需要了解这些行为。教师组织教学过程中被禁止的行为如下：

（1）迟到、早退，上课表情呆滞，无精打采，姿势松懈。

（2）不尊重幼儿，诋毁、谩骂幼儿。

（3）衣冠不整，不修边幅，穿奇装异服。

（4）口头禅多，讲话漫无边际。

（5）上课接打电话，在幼儿自主学习时玩手机。

（6）板书书写不规范，字迹潦草，难以辨认。

（7）不遵守幼儿园的上下课时间规定。

（8）缺乏足够的耐心，对幼儿的态度粗暴。

教师在训练组织教学礼仪时，可以将所处的场景模拟成课堂，然后练习如下行为：保持站立的姿势，不靠墙，不过多地来回在教室走动（在幼儿不需要的情况下），手势自然得体，目光亲切、有神，关注、关爱每一位幼儿，有效组织各种活动，对违反课堂纪律或活动规则的幼儿，及时制止其不当行为，并教导他们遵守课堂纪律或活动规则。

（二）课堂语言礼仪训练

语言是传递信息的符号系统。无论组织课堂教学活动，还是与幼儿进行交流，教师都会用到语言。幼儿园教师要遵守课堂语言礼仪规范，做到用语礼貌，同时使课堂语言准确、形象、生动、具有感染力。

幼儿园教师课堂语言礼仪训练主要包括语言和语调两个方面。在进行课堂语言礼仪训练时，教师可将所处环境模拟成课堂。教师也可以在真实的课堂环境中进行课堂语言礼仪训练，请同事扮演幼儿。在训练结束后，同事指出教师课堂语言礼仪存在的问题。训练方法如下：

1. 语言方面的礼仪训练

幼儿园教师语言方面的礼仪训练可分为讲课和互动两种情况。幼儿园教师在进行语言方面的礼仪训练时，主要模拟讲课和互动这两种场景。

（1）在讲课场景，幼儿园教师多使用礼貌用语，训练语调的平和，语速适中，语气亲切。

（2）在互动场景，幼儿园教师练习营造轻松、活跃的氛围，多使用鼓励的语言，当需要叫到某个幼儿时，需要使用敬语，如"请某某来说一说他的看法"或"请某某来为我们表演"。

2. 语调方面的礼仪训练

语调也能够传递一定的信息。幼儿园教师还需要进行语调方面的礼仪训练。语调方面的礼仪训练主要包括呼吸训练、发音训练和音量训练。

（1）呼吸训练：呼吸是影响发声的一个重要因素。教师需要进行呼吸训练。呼吸训练以腹式呼吸为标准。呼吸训练方法：身体站直，将双手轻轻放在腹部，从鼻子吸气（手能感觉到肚子膨胀），从嘴巴吐气（手感觉到肚子消下去）。教师进行呼吸训练的时候重复前述动作数次。教师要坚持练习，直到养成习惯。

（2）发音训练：教师对着镜子练习发 a、o、e、i、u、ü 六个基本音，注意口型，确保发音清晰，脸部保持微笑。

（3）音量训练：音量以3米外的人听清为宜，教师可以和同事一起训练。

三、幼儿园教师社交礼仪训练

此处所说的社交主要指幼儿园教师在幼儿园这一场所中的社交，包括幼儿园教师与幼儿家长的交往以及与同事的交往。幼儿园教师社交礼仪训练主要围绕这两个方面展开。

（一）幼儿园教师与幼儿家长交往礼仪训练

幼儿园教师与幼儿家长的交往主要有两种情况：一是日常沟通；二是召开家长座谈会。无论在哪种情况下，幼儿园教师在与幼儿家长交往时，都需要注意自己的行为和语言。行为方面的礼仪训练和语言方面的礼仪训练是幼儿园教师与幼儿家长交往礼仪训练的主要内容。

1. 行为方面的礼仪训练

（1）衣着整洁，举止文雅，以此表示对幼儿家长的尊重。

（2）谦逊、宽容，认真倾听，做幼儿家长真诚的建议者。

（3）平等对待每一位家长，不卑不亢。

（4）遵时守约，迎送有节。

2. 语言方面的礼仪训练

（1）用语文明，发音清晰，让幼儿家长能够听清教师所说的内容。

（2）多使用敬语，并注意语调的正确。

（3）来有迎声，问有答声，去有送声，语言礼貌周全。

在训练与幼儿家长交往礼仪时，教师可以站在镜子前，方便检查自己的行为，也可以和同事合作，相互纠正行为错误。

（二）幼儿园教师与同事交往礼仪训练

教师在从事幼儿教育的过程中，常常会和同事产生交集，在与同事交往的过程中，需要遵守一定的礼仪规范，所以有必要进行与同事交往礼仪训练。常见的训练方法如下：

1. 讲授法

幼儿园教师观看《幼儿园教师礼仪示范》录像。在幼儿园教师观看录像过程中，授课教师讲解要点。

2. 经验分享法

不定期召开经验分享大会，教师分享自己的经验，分享自己认为在日常交往中应注意的事项以及同事之间友好相处的一些技巧。

3. 反思法

教师定期反思自己与同事相处的方式，总结自己与同事交往过程中存在的问题，及时解决问题。

第三章 幼儿园教师口语技能训练

第一节　幼儿园教师口语技能训练基础

在进行口语技能训练之前，幼儿园教师需要对口语技能训练的基础知识进行一定的了解，也要进行发声基础训练。这有助于教师加深对口语的认识，也有助于教师更快、更扎实地掌握口语技能。

一、口语与普通话

（一）口语

1. 口语的定义

口语是口头语言的简称，是指人们在口语交际时使用的语言，是最早被人类普遍应用的语言形式。[1] 和书面语相比，口语更贴近人们的生活实际，通俗易懂，生动、自然。在人们的日常生活与工作中，人与人之间的交际以口语交际为主。

2. 幼儿园教师口语的特征

在幼儿园教师的教育工作中，口语是使用频率最高的语言形式。由于幼儿园教师职业的规范性以及幼儿身心发展的特殊性，幼儿园教师的口语具有与一般口语交际不同的特征，主要是规范性、生动性和情感性。

（1）规范性：幼儿园教师在开展教育工作时，应规范使用口语，以便于幼儿理解教师说的话。首先，口语的规范性体现为语音规范、准确。幼儿园教师要掌握语音的声母、韵母、声调、轻声、儿化、变调等，做到发音标准、吐字清晰、语速适中、语调自然。其次，口语的规范性体现为语义的准确、规范。教师语言表达准确，语言逻辑严谨，不使用方言，谨慎使用网络词，避免出现搭配不当、句子成分残缺、用词不当等语言不规范的现象。最后，口语的规范性体现为语言的纯净性。教师使用礼貌用语、规范用语，不使用口头禅，禁用污言秽语。

（2）生动性：幼儿园教师用语应生动形象，能够引发幼儿的想象和联

---

[1] 江立员，李红. 幼儿教师口语 [M]. 南昌：江西高校出版社，2019：2.

想。这不仅有助于幼儿理解教师所说的话,还有助于幼儿想象力的发展。为了使语言生动形象,教师可多采用比喻的修辞手法,必要时可以利用语音媒体。此外,教师还可以充分发挥肢体语言的作用,用手势、表情、眼神等增强口语的生动性。

(3)情感性:幼儿园教师的口语应富有情感。白居易《与元九书》:"感人心者,莫先乎情。"幼儿还没有较强的认识事物的能力,但对情感的感知是敏感的。幼儿园教师要赋予口语情感,从而用语言感染幼儿,吸引幼儿的注意力,进而提高教学效率。

(二)普通话

1. 普通话的概念

普通话是规范化的现代汉语,是我国的通用语言。1955年召开的"全国文字改革会议"和"现代汉语规范问题学术会议"确定将现代汉民族共同语称为普通话,并对普通话的概念进行了界定:以北京语音为标准音,以北方话为基础方言,以典范的现代白话文著作为语法规范的现代汉民族共同语。1982年第五届全国人民代表大会第五次会议通过的《中华人民共和国宪法》总纲第十九条明确规定:"国家推广全国通用的普通话。"2001年1月1日起,我国正式实施《中华人民共和国国家通用语言文字法》,确立了普通话作为国家通用语言的法律地位,这标志着我国的语言文字规范化、标准化工作进入一个新的发展时期。

2. 普通话水平测试

为了加快普通话普及的进程,提高全社会普通话水平,国家语言文字工作委员会、国家教育委员会(现为教育部)和广播电影电视部在1994年联合发布了《关于开展普通话水平测试工作的决定》。对于教师岗位,该文件做出了如下要求:

(1)掌握并使用一定水平的普通话是社会各行各业人员,特别是教师、播音员、节目主持人、演员等专业人员必备的职业素质。因此,有必要在一定范围内对某些岗位的人员进行普通话水平测试,并逐步实行普通话等级证书制度。

(2)中小学教师、师范院校的教师和毕业生应达到二级或一级水平,专门教授普通话语音的教师应达到一级水平。

（3）测试对象经测试达到规定的等级要求时，颁发普通话等级证书。对播音员、节目主持人、教师等岗位人员，从1995年起逐步实行持普通话等级证书上岗制度。

根据普通话测试的结果，将普通话水平划分为三个级别，将每个级别划分为两个等次：97分及其以上为一级甲等；92分及其以上但不足97分为一级乙等；87分及其以上但不足92分为二级甲等；80分及其以上但不足87分为二级乙等；70分及其以上但不足80分为三级甲等；60分及其以上但不足70分为三级乙等。

二、语音基本知识

语音是指语言的声音，是口语的重要构成要素。幼儿园教师了解语音基本知识，才能更好地进行口语技能训练。

（一）语音的构成

1. 音节

音节是语音的基本结构单位，是听觉上能够自然分辨出来的语音片段。通常一个汉字记录一个音节。幼儿园教师要熟练运用普通话，就要掌握现代汉语的基本音节。

汉语音节可分为三个部分：声母、韵母和声调。

声母是音节开头的辅音。普通话共有23个声母，其中，辅音声母有21个。

韵母是音节中声母后面的部分。韵母包含韵头、韵腹和韵尾，比如，"ian"中，"i"是韵头，"a"是韵腹，"n"是韵尾。普通话共有39个韵母。

声调是指音节的高低升降变化。

2. 音素

从音色的角度分析音节，会得到一个个最基本的不能再划分的语音单位，这就是音素。音素是语音的最小单位。根据音素发声的特征，可以将音素分为元音和辅音。元音是指在发音过程中气流通过口腔而不受阻碍发出的音，如a、u、i；辅音又叫子音，是指气流在口腔或咽头受到阻碍而形成的音，如b、t、g。

（二）语音的特点

普通话语音的特点如下：

（1）音节中元音占优势。

（2）四个声调抑扬分明，且高音成分较多。

（3）音节间的间隔清晰。

（4）音系比较简单，音节结构形式较少。

（5）词的双音节化、轻重格式以及轻声、儿化的使用，使有声语言表达更加准确、丰富。

三、发声基础训练

幼儿园教师的发声基础训练主要包括气息控制训练、吐字训练、共鸣训练和声音弹性训练。

（一）气息控制训练

一个人发声时，其声音的高低、强弱、长短与其对气息的控制有很大的关系。人们只有更好地控制气息，才能更好地发声。幼儿园教师的气息控制训练主要有基本训练和绕口令训练两种方式。

1.气息控制的基本训练

训练一：

第一，身体放松，缓慢吸气，将气深吸入丹田。

第二，缓慢、轻轻地呼出气体。呼气越慢、越轻越好，争取达到30秒。

训练二：

第一，身体放松，缓慢吸气，将气深吸入丹田。

第二，发出"s"音，同时缓慢、轻轻地呼出气体，争取使呼气达到30秒。

训练三：

第一，快吸慢呼训练：快速吸气，然后缓慢、轻轻呼出气体。

第二，补气训练：深吸一口气，缓慢、轻轻呼出气体，当气体呼出一半时，停止呼气，然后快速吸气，再缓慢呼出气体，如此反复练习数次。

2.绕口令训练

绕口令作为一种语言游戏，可以帮助人们训练发声。幼儿园教师经常进行绕口令训练，不仅可以更好地区分不同的音素，还有助于纠正气息和发音错误。因此，除气息控制的基本训练之外，幼儿园教师还可以进行绕口令训练。

训练一：

出东门，过大桥，大桥底下一树枣，拿着杆子去打枣，青的多，红的少：一个枣，两个枣，三个枣，四个枣，五个枣，六个枣，七个枣，八个枣，九个枣，十个枣，十一个枣……

训练二：

南园一堆葫芦，结得滴里嘟噜，甜葫芦，苦葫芦，鼓葫芦，好汉数不出二十四个葫芦：一个葫芦，两个葫芦，三个葫芦，四个葫芦，五个葫芦，六个葫芦，七个葫芦，八个葫芦，九个葫芦，十个葫芦，十一个葫芦，十二个葫芦，十三个葫芦，十四个葫芦……

教师在绕口令训练初期，说绕口令过程中可适当换气，随着气息控制能力的增强，减少换气次数，直到一口气可以说完整个绕口令。之后，教师练习这两个绕口令时，可以增加枣和葫芦的数量。

（二）吐字训练

吐字清晰是说话和朗读的基本要求之一。幼儿园教师有必要进行吐字训练。

在训练吐字之前，教师先要对字头、字腹和字尾有所了解。

字头：声母+韵头。

字腹：韵腹。

字尾：韵尾。

在汉语音节中，只有元音是必不可少的。教师在练习吐字时，要注意有些汉字没有字头和字尾。

在吐字的时候，对字头、字腹和字尾的处理称为出字、立字和归音。

出字要叼住、弹出。字头是一个字的开始。教师只有处理好字头，才能更好地吐字。教师在进行吐字训练时，咬字一定要有力度，要叼住字头，然后弹出字腹。

立字要拉开、立起。教师发音能否饱满、圆润，与对字腹的处理有很大的关系。字是随着字腹的拉开在口腔中立起来的。人们发字腹的音时，口腔开度最大。字腹响度大，音程长，最富色彩。

归音要干净利索，趋向鲜明，到位弱收。人们发字尾的音时，音节的发音开始收尾。此时，人们通常口渐闭，气减弱，力渐松，给人字音完整结束的感觉。

教师在进行吐字训练时,要注意吐字的感觉:拢、弹、滑、挂、流。

拢:与发音有关的部位的着力点向中部集中。

弹:吐字灵活、轻快。

滑:吐字过程中唇舌的滑动感。

挂:字音挂于硬腭前部的感觉。

流:字音向前流动的感觉。

具体而言,幼儿园教师的吐字训练包括声母训练、韵母训练和词语训练。

1. 声母训练

教师在进行声母训练时,将所有的声母与 a、i、u 相拼,吐字时要有轻快的弹动感。例如,ba、bi、bu,pa、pi、pu,ma、mi、mu,fa、fu,da、di、du,ta、ti、tu。

2. 韵母训练

教师可根据"四呼"进行韵母训练,注意发音时有滑、挂、流的感觉。

"四呼"即开口呼、齐齿呼、合口呼和撮口呼,是依据韵母开头的发音而定的。凡是没有韵头而韵腹又不是 i、u、ü 的韵母属于开口呼。凡是韵头或韵腹是 i 的韵母属于齐齿呼。凡是韵头或韵腹为 u 的韵母属于合口呼。凡是韵头或韵腹是 ü 的韵母属于撮口呼。

3. 词语训练

教师在进行词语训练时,可吐字清晰地读出下列词语:

鲜明　播音　西安　新闻　宣传　交通
方向　创办　经济　规范　农村　狂欢
办公　儿童　贵宾　广播　指标　小学

(三)共鸣训练

共鸣是一种物理现象。人发音的共鸣是指声带振动时影响到其他邻近的器官或器官内部的空间而产生的声响效果。人发音的共鸣可以通过后天训练得到改善。人们改善发音的共鸣,有利于达到美化声音的目的。人在发声的过程中,能够利用的共鸣腔体有很多,如鼻腔、口腔、胸腔、咽腔、喉腔、头腔。下面对鼻腔共鸣训练、口腔共鸣训练和胸腔共鸣训练进行简要的阐述。

1. 鼻腔共鸣训练

鼻腔共鸣训练方法：

（1）辅音+元音：ma-mi-mu。

（2）哼唱练习：m-n-ng。

（3）哼唱练习：ma-mi-mu。

（4）纯u音+鼻腔共鸣u音。

（5）纯a音+鼻腔共鸣a音。

（6）纯i音+鼻腔共鸣i音。

2. 口腔共鸣训练

口腔共鸣训练方法：

（1）发出短促的ba、bi、bu、pa、pi、pu、ma、mi、mu音，体会声束冲击硬腭前部的感觉。

（2）打开后槽牙，从容地发出ai、ei、ao、ou音，体会声束沿上颚前行，挂于硬腭前部的感觉。

（3）进行读词语训练，如读这些词语：吧嗒嗒、滴溜溜、咣当当、哗啦啦、当啷啷、咕隆隆、噼啪啪、呼啦啦。

3. 胸腔共鸣训练

教师可以用一些歌曲作为胸腔共鸣训练材料，如《历史的天空》《珊瑚颂》。

（四）声音弹性训练

声音弹性是指声音的可变性和伸缩性。人们赋予声音弹性，可以使声音表达的情感更加丰富。幼儿园教师声音弹性训练包括声音高低训练、声音强弱训练。

1. 声音高低训练

（1）教师在进行声音高低训练时，可使声音有层次地升高、降低。例如：

"欲穷千里目"　　"更上一层楼"

"欲穷千里目"　　　"更上一层楼"

"欲穷千里目"　　　　"更上一层楼"

"欲穷千里目"　　　　　"更上一层楼"

"欲穷千里目"   "更上一层楼"

（2）教师在进行声音高低训练时，可以使一句话声音高、一句话声音低，使声音高低交错。例如：

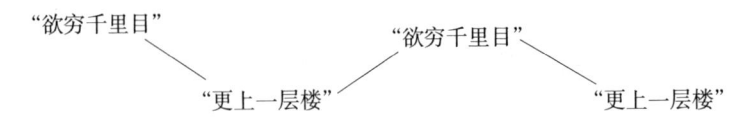

"欲穷千里目"   "欲穷千里目"
   "更上一层楼"   "更上一层楼"

2. 声音强弱训练

教师在进行声音强弱训练时，可以采用强起渐弱、弱起渐强的方式，反复练习。例如：

强起渐弱："欲穷千里目，更上一层楼。"
弱起渐强："欲穷千里目，更上一层楼。"
…………
强起渐弱："欲穷千里目，更上一层楼。"
弱起渐强："欲穷千里目，更上一层楼。"

第二节　幼儿园教师教育口语技能训练

一、幼儿园教师教育口语概述

（一）幼儿园教师教育口语的概念

《幼儿园工作规程》第三条明确指出，幼儿园的任务是"贯彻国家的教育方针，按照保育与教育相结合的原则，遵循幼儿身心发展特点和规律，实施德、智、体、美等方面全面发展的教育，促进幼儿身心和谐发展"；第五条指出，幼儿园保育和教育的主要目标是"促进幼儿身体正常发育和机能的协调发展，增强体质，促进心理健康，培养良好的生活习惯、卫生习惯和参加体育活动的兴趣"，"发展幼儿智力，培养正确运用感官和运用语言交往的基本能力，增进对环境的认识，培养有益的兴趣和求知欲望，培养初步的动手探究能力"，"萌发幼儿爱祖国、爱家乡、爱集体、爱劳动、爱科学的情感，培养诚实、自信、友爱、勇敢、勤学、好问、爱护公物、克服困难、讲礼貌、守纪律等良好的品德行为和习惯,以及活泼开朗的性格","培养幼儿初步感受美和表现美的情趣和能力"。幼儿园教师教育口语就是幼儿园教师为了完成前述教育任务和达到前述教育目标,在日常教育活动中使用的语言。

(二)对幼儿园教师教育口语的要求

1. 简洁、规范

幼儿的理解能力有限。幼儿园教师在使用教育口语时,应少使用复杂的口语,要尽可能使用简洁的语言。此外,幼儿园教师的教育口语也要规范。因为对幼儿来说,教师是他们的模仿对象。教师的一言一行都可能被幼儿模仿。如果教师的教育口语不规范,就会对幼儿产生消极的影响。在使用教育口语时,幼儿园教师应注意用语规范,切忌说脏话,是否说方言可依据实际教育情况而定。

2. 直白、具体

幼儿园教师教育口语还要直白、具体。教师要直白、具体地传达想要表达的内容,以使幼儿容易理解教师说的话。例如,有些幼儿不喜欢吃胡萝卜,有的教师会说:"胡萝卜具有很高的营养价值,含有大量的维生素A,能够提高人体免疫力,预防疾病,所以小朋友要吃胡萝卜。"显然,对于这些话,幼儿理解起来有些困难。教师这样说话,很难达到教育目的。教师应该说得更加直白,例如,"胡萝卜有营养,小朋友吃了,身体会变得更加强壮"。这句话相较于前面的话,更容易被幼儿理解和接受。

3. 明理启智

幼儿教育的总体思路是引导、启发幼儿。幼儿园教师要巧妙地运用教育口语,启发幼儿思考,培养幼儿智力,并引导幼儿形成一些道德观念。需要注意的是,教师对幼儿智力进行培养和对幼儿道德观念进行引导的过程中,不能过于强调知识认知和道德认知,还要注重情感认知,这样做才符合幼儿的认知规律。

(三)幼儿园教师使用教育口语应遵循的原则

幼儿园教师使用教育口语时,要遵循一些原则,从而更好地完成教育任务,达到教育目标。具体而言,幼儿园教师使用教育口语时至少要遵循三项原则:肯定性原则、民主性原则和针对性原则。

1. 肯定性原则

幼儿园教师遵循肯定性原则主要表现为在运用教育口语时，多使用一些肯定性的话语，以表现出对幼儿的相信和鼓励。教师对幼儿的肯定不仅能够让幼儿感受到教师对他们的尊重和理解，也能够帮助幼儿树立自信心，对发掘幼儿的潜力具有积极的作用。教师要多使用肯定性的教育语言，肯定幼儿的优点，鼓励幼儿进步，从而激发幼儿潜能，增强幼儿自信心。

2. 民主性原则

幼儿园教师遵循民主性原则主要表现为在运用教育口语时，要充分尊重幼儿，不能以命令的口吻去要求幼儿做什么，而是要尊重幼儿的想法和意见。《幼儿园教育指导纲要（试行）》明确指出，"建立良好的师生、同伴关系，让幼儿在集体生活中感到温暖，心情愉快，形成安全感、信赖感"，"创造一个自由、宽松的语言交往环境，鼓励、支持、吸引幼儿与教师、同伴或其他人交谈，体验语言交流的乐趣"。幼儿园教师在教育活动中，应遵循民主性原则，倾听幼儿的心声，了解幼儿的想法，并巧妙地运用教育语言引导幼儿大胆表达自己的想法。

3. 针对性原则

针对性原则主要体现为教育的因人而异。幼儿园教师运用教育口语时，应做到因人而异，从而增强教育的针对性，提高教育质量。例如，幼儿园教师面对不同年龄段的幼儿时，应使用不同的教育口语：面对小班幼儿（3～4岁），教师应多使用短小的语句，语速慢一些，语句富有情感；面对中班幼儿（4～5岁），教师可适当使用更多的句式，并使用一些简单的复句；面对大班幼儿（5～6岁），教师可以使用一些抽象概念，也可以适当使用一些复句。

二、幼儿园教师教育口语分类训练

幼儿园教师常用的教育口语有五类：表扬语、批评语、沟通语、评定语和疏导语。幼儿园教师可分类训练教育口语（图3-1）。

图 3-1　幼儿园教师教育口语分类训练

（一）表扬语训练

1. 表扬语的概念

表扬语指幼儿园教师对幼儿使用的表示肯定、鼓励和赞扬的话语。

2. 表扬语的作用

表扬语能够使幼儿感受到教师的关爱、尊重和赏识，使幼儿精神上得到满足，从而使幼儿继续保持或深化其被表扬的言行。此外，教师的表扬也会让未被表扬的幼儿认识到哪些言行是好的、哪些言行是不好的，进而做到择善而从。

3. 表扬语的类型

根据使用场合不同，可将表扬语分为两种类型：一是当众表扬，二是个别表扬。

当众表扬是在公开的场合对幼儿进行表扬。这种表扬方式是幼儿园教师常用的一种表扬方式，不仅可以起到鼓励被表扬幼儿的作用，还可以起到为其他幼儿树立榜样的作用。

个别表扬通常用于幼儿园教师和幼儿单独相处的场合。有些情况不适合对幼儿进行当众表扬。在这些情况下，教师便需要采用个别表扬的方式。

幼儿园教师要根据实际情况使用适宜的表扬语，从而使表扬语的作用更大。

4.表扬语训练要点

（1）教师要善于发现幼儿身上的闪光点。在训练表扬语时，教师可对班上每一位幼儿的优点进行总结，然后针对幼儿的优点进行表扬。

（2）表扬语要恰当、准确。在训练表扬语时，教师要注意使表扬语恰当、准确，不能吝于表扬，也不能过分拔高，以免使幼儿出现自傲的心理。

（3）表扬语的形式要多样。在训练表扬语时，教师应练习说多种形式的表扬语，避免出现无论在什么场合都使用一句简单的"你真棒"的情况，长期使用这种单一的表扬语容易使幼儿不在意教师的表扬，导致表扬语的效用降低。此外，教师还需要训练将表扬语和眼神、手势、表情等结合起来。

（二）批评语训练

1.批评语的概念

批评语指幼儿园教师针对幼儿不良言行使用的表示否定、批评的话语。

2.批评语的作用

幼儿的身心发展还不成熟，幼儿的言行出现错误是正常的。有时候，教师要适度使用批评语，使幼儿知道哪些言行是错误的，并自觉纠正错误。此外，幼儿园教师的批评语还能对未犯错的幼儿起到警醒的作用，让未犯错的幼儿知道哪些言行是错误的，避免犯同样的错误。

3.批评语的类型

根据使用方式不同，可将批评语分为两种类型：暗示类和宽容类。

暗示类批评语：幼儿园教师不直接使用批评性的话语，而是利用一些故事暗示批评，引发幼儿对自己言行进行思考，从而达到批评、教育的目的。

宽容类批评语：幼儿园教师在对幼儿进行批评、教育时，表现出对幼儿的关切，而非一味地指责幼儿。教师使用宽容类批评语，既可以让幼儿认识到错误，又可以避免使幼儿产生逆反心理。

4.批评语训练要点

（1）语气和语调要恰当。在训练批评语时，教师应注意语气和语调恰当，切忌大声训斥幼儿，应保持语气和语调平和。

（2）批评语的使用应适度。在训练批评语时，教师应注意适度使用批评语，不可一味地针对幼儿的错误进行批评，而是要将批评语和鼓励或理解性的话语结合起来，避免过度批评而影响幼儿的自尊心。

（3）教师切忌使用一些容易伤害幼儿自尊心的话语。

（三）沟通语训练

1. 沟通语的概念

沟通语指幼儿园教师与幼儿进行沟通时使用的话语，是幼儿园教师教育口语中使用频率很高的一种语言形式。

2. 沟通语的作用

教师用恰当的沟通语与幼儿进行有效的沟通，可以表达自己对幼儿的关爱、尊重和重视，使幼儿产生被关爱、被尊重、被重视的感觉，使幼儿产生积极的情感体验。这种积极的情感体验有助于加强幼儿对教师的信任，也有助于幼儿形成健全的人格。此外，教师用沟通语与幼儿沟通，也可以及时了解幼儿的情况，然后有针对性地对幼儿进行指导，帮助幼儿成长和发展。

3. 沟通语训练要点

（1）教师应加强使用沟通语的技巧的训练。教师使用沟通语的技巧主要包括三类：引发交谈的技巧、倾听的技巧和扩散谈话的技巧。在训练引发交谈的技巧时，教师应练习找到与幼儿沟通的切入点，并激发幼儿沟通的兴趣。在训练倾听的技巧时，教师应注意增强倾听的耐心。因为幼儿的表达能力有限，有时幼儿不能完整地表达自己所想，或者幼儿表达的内容让人难以理解。幼儿表述不清时，教师要耐心地引导幼儿，让幼儿完整、清楚地表达心中所想。在训练扩散谈话的技巧时，教师应练习围绕一条信息进行谈话扩散，从幼儿那里获得更多的信息。

（2）针对不同气质的幼儿，教师应训练不同的沟通语。根据气质的不同，可将幼儿大致分为三类：胆汁质、多血质的幼儿，黏液质的幼儿和抑郁质的幼儿。针对不同气质的幼儿，教师的沟通语训练也要有所侧重。

①针对胆汁质、多血质的幼儿，教师进行沟通语训练的要点如下：

a. 教师要给予幼儿适度的关注，避免他们自以为是和缺乏约束力。

b. 教师给幼儿充分表达内心世界及创造性想法的机会。

c. 教师在与幼儿交谈中，可直接指出幼儿存在的不足或问题。

d. 教师可交付给幼儿一些任务，在幼儿完成任务后，分析幼儿完成任务的过程，并与幼儿沟通，表达教师对幼儿的信任，鼓励幼儿，使幼儿增强自我控制能力和责任感。

②针对黏液质的幼儿，教师进行沟通语训练的要点如下：

a.教师应给予幼儿足够的耐心、持久的关心和关注，增强幼儿对教师的信赖感。

b.教师应善于营造良好的沟通氛围。

c.教师对幼儿的良好表现应给予及时反馈。

d.教师对幼儿表现出的问题，应用委婉的话语在小范围内告知幼儿。

e.教师平时应主动和幼儿沟通，倾听他们的心声。

③针对抑郁质的幼儿，教师进行沟通语训练的要点如下：

a.教师可用非言语方式表达对幼儿的关爱、理解，增强幼儿对教师的信赖感。

b.教师应主动与幼儿家长进行交流，更多地了解幼儿。

c.无论幼儿情绪怎样，教师都要以积极的情感感染幼儿，营造良好的沟通氛围，主动单独和幼儿交谈。

d.教师多观察、发现幼儿的兴趣和闪光点，并给予幼儿展示优点的机会，帮助幼儿不断获得快乐体验和成就感。

e.教师对幼儿表现出的问题，应注意采用适宜的方法予以提醒。

在训练沟通语时，教师要注意两种情况：一是沟通错位，即教师岔开幼儿的语义，而谈论别的内容，这种沟通起不到良好的作用，且容易让幼儿产生教师不尊重他们的感觉；二是情感反差，即教师表达的情感和幼儿表达的情感相反，教师应避免这种情况出现，比如，当幼儿表现出非常高兴时，教师要用高兴的话语予以回应。

（四）评定语训练

1.评定语的概念

评定语是指幼儿园教师对幼儿进行评价时使用的话语。

2.评定语的作用

教师使用评定语，可以加深幼儿对自身的认识，让幼儿认识到自己的优点和不足。然后教师在此基础上引导幼儿发展优点，改进不足。

3.评定语训练要点

（1）教师要加强对使用评定语基本方法的训练。

①诱发法：教师使用该方法，可以诱导幼儿进行思考。比如，"你的想法

真棒,但如果我们这样做,是不是会更好呢"。

②激将法:在遇到难题,气氛不活跃的时候,教师可以使用激将法,调动幼儿的积极性,使气氛活跃起来。比如,"这个问题这么难,未必有人会回答吧"。

③协商法:教师以协商的方式与幼儿进行沟通,并通过协商使幼儿得到答案。比如,"刚才那个方法看来不行,我们要不要换个方法呢"。

④赞赏法:教师可使用赞扬的话语,表达对幼儿的肯定,增强幼儿的自信心。比如,"你这样做非常好,可不可以告诉老师,你做这件事时是怎么想的"。

⑤追问法:教师使用该方法,可以调动幼儿的积极性。比如,"你的这个方法非常好,你还有其他更好的方法吗"。

⑥补充法:教师可以对幼儿的回答进行补充,然后通过反问,让幼儿认可更好的答案。比如,"'小猴子'这个名字取得非常好,但如果我们为其取名为'聪明的小猴子',是不是更好呢"。

(2)评定语应准确、简明。在训练评定语时,教师应注意使评定语准确、简明,既要使评定语符合幼儿的实际情况,又要让幼儿容易理解教师的评定语。

(3)评定语应具有一定的新意。教师重复使用某几句评定语,容易让幼儿产生审美疲劳。在训练评定语时,教师应多搜集资料,增加对评定语的积累,以使评定语常用常新。

(五)疏导语训练

1.疏导语的概念

疏导语指幼儿园教师对幼儿心理进行疏通和引导的话语,主要用于幼儿心理教育。

2.疏导语的作用

幼儿在幼儿园接受教育的过程中,可能会产生心理问题。发现幼儿有心理问题时,教师要对幼儿心理进行疏通和引导,帮助幼儿解决心理问题,从而使幼儿身心健康发展。

3.疏导语训练要点

(1)教师要考虑幼儿的身心特点和接受能力。在训练疏导语时,教师切忌将自己的认知强加到幼儿身上，要根据幼儿的身心发展特点和接受能力去练习疏导语，从而更有效地说服幼儿，帮助幼儿解决心理问题。

（2）教师要善于总结幼儿常见的心理问题和与之对应的言行表现，练习相应的疏导语。表3-1所示是幼儿常见的心理问题、与之对应的言行表现以及相应的疏导语训练要点。

表3-1 幼儿常见的心理问题、与之对应的言行表现以及相应的疏导语训练要点

幼儿常见的心理问题	与之对应的言行表现	相应的疏导语训练要点
依赖心理	幼儿或多或少都会对教师表现出依赖心理。如果幼儿对教师的依赖心理表现得较轻，那么教师可不予以疏导；如果幼儿对教师的依赖心理表现得较重，那么教师需要予以疏导。比如，在做手工时，幼儿有能力做，却和老师说"我不会"，这显然是依赖心理较强的表现。此时，教师要对幼儿的依赖心理予以疏导	当幼儿产生依赖心理时，教师应正视幼儿的这一心理，切忌表现出急躁和不耐烦，而要使用鼓励和肯定的话语劝慰幼儿，逐步引导幼儿增强独立性
推卸责任的心理	幼儿犯错时，可能会产生推卸责任的心理。比如，幼儿把水弄洒时，却说有人碰了他一下，导致他把水弄洒了	教师对幼儿的态度不要过于严厉。教师也不要直接质问幼儿，而应采用比较委婉的问话方式，引导幼儿承认错误，增强幼儿承认错误的勇气
恐惧心理	幼儿的恐惧心理主要表现为幼儿对某些事物、处境或与他人交往产生的强烈的恐惧反应。恐惧心理是幼儿常见的正常情绪反应。但如果幼儿过度恐惧（如表现出退缩、回避、脸色发白、出汗等），就不利于幼儿身心健康发展	在对幼儿的恐惧心理进行疏导时，教师应使用温柔的话语，表现出理解幼儿，同时配合使用一些方法，如示范法、脱敏法等，让幼儿直面恐惧，引导幼儿学会勇敢地面对事物

（3）教师要注意口语和手势、动作的结合。在训练疏导语时，教师除了关注口语之外，还要练习将口语和手势、动作等结合起来使用，从而更好地发挥疏导语的作用。

第三节　幼儿园教师教学口语技能训练

一、幼儿园教师教学口语概述

（一）幼儿园教师教学口语的概念

幼儿园教师教学口语是幼儿园教师为了达到一定的教学目标，组织教学活动时使用的语言。在教学活动中，教学口语是教师传递知识、表达情感的主要工具，也是教师引导幼儿表达想法和进行探索性学习的重要工具。教师使用教学口语，要遵循语言规律，还要遵循幼儿的身心发展规律，从而达到预期的教学目标。

（二）幼儿园教师教学口语的特点

教学口语是幼儿园教师口语的重要组成部分，具有和一般口语相近的特点，同时由于其要满足教学的需求，也具有不同于一般口语的特点。具体而言，幼儿园教师教学口语除了具有幼儿园教师口语的一般特征（规范性、生动性、情感性）以外，还具有逻辑性、针对性、启发性、趣味性的特点。

1. 逻辑性

幼儿园教师描述事物，要符合事物客观规律，能够用准确的词汇和层次分明的言语表达明确的内容。教师教学时，要有清晰的教学思路，讲解简洁明快、语义贯通。

（1）有清晰的教学思路。幼儿园教师应按照清晰的思路使用教学口语，使教学环节层次分明、环环相扣。为此，幼儿园教师要具备教学口语技能，还要做好充分的准备，对教学活动有清晰的认识，做到心中有数。

（2）讲解简洁明快。幼儿园教师在教学中讲解内容时，要使教学口语简洁明快，避免出现逻辑混乱的情况。例如，"动物真有趣"教学活动的目的是让幼儿对动物的概念有一定的认识。在这次活动中，教师使用了简洁明快的教学口语，在与幼儿的互动中，让幼儿明晰了动物的概念。

"动物真有趣"教学案例：

教师：你们知道什么是动物吗？
幼儿：会爬、会跑的都是动物。
教师：鱼不会爬，也不会跑，只会在水里游。它们是动物吗？
幼儿：是动物。鱼儿会活动，会活动的都是动物。
教师：船是在水面上活动的，它是动物吗？
幼儿：船没有生命，不是动物。
教师：对了，有生命、能自己活动的生物才是动物。

在上述案例中，教师用简洁明快的语言提出问题，然后根据幼儿的回答一步步引导幼儿去思考，最终让幼儿在思考中知晓了动物的概念。

（3）语义贯通。语义贯通是指语句之间具有较强的连贯性。教师使用教学口语时，做到语义贯通，有利于幼儿准确理解语义。

例如，语义不连贯的教学口语："世界上有很多昆虫。很多人在研究昆虫。有的昆虫是益虫，有的昆虫是害虫。研究昆虫的科学家有谁呢？"这段教学口语的语义不连贯。幼儿的逻辑思维还不成熟，幼儿理解这段话存在较大的困难。教师可调整这段教学口语的语序，使语义变得连贯："世界上有很多昆虫。有的昆虫是益虫，有的昆虫是害虫。很多人在研究昆虫。那么，研究昆虫的科学家有谁呢？"

2. 针对性

幼儿园教师要根据不同的教学活动、不同年龄段幼儿的特点，采用相应的教学口语。例如，针对不同年龄段的幼儿，教师应选用不同的教学口语：针对小班幼儿（3~4岁），教师应使用简单易懂的教学口语，可多使用单句和短句；针对中班幼儿（4~5岁），教师应使用以单句为主的教学口语，也可以使用一些简单的复句；针对大班幼儿（5~6岁），教师可适当使用更多的复句。

3. 启发性

幼儿获取知识除了依靠教师口头传授外，还要自己进行探索。幼儿园教师的教学口语要具有一定的启发性，能够引导幼儿进行积极的探索，从而使幼儿在自主探索中获取知识和经验。例如，《树真好》的教学目标是让幼儿了解常绿树和落叶树的叶子的基本特征。在该课教学中，教师利用启发性的语言，让幼儿不断去思考、去发现，最终通过对常绿树叶子和落叶树叶子的比较，让幼儿了解了两种树叶子的基本特征。

《树真好》教学案例：

教师：常绿树和落叶树的叶子一样吗？

幼儿：不一样。

教师：老师收集了两种树的叶子。现在你们每个人拿一片常绿树叶子和一片落叶树叶子。（幼儿上前拿叶子）

教师：请你们观察一下，这两片叶子有什么不同。

幼儿：一个厚一点儿，一个薄一点儿。

教师：还有哪些不同呢？

幼儿：一个颜色深，一个颜色浅。

教师：除了这两种不同，你们还能观察出哪些不同？

幼儿：一个光滑，一个不光滑。

教师：小朋友们，通过我们刚才的观察，我们可以知道，常绿树和落叶树的叶子是不同的。常绿树的叶子厚，颜色深，表面光滑；落叶树的叶子薄，颜色浅，表面不光滑。当我们走在马路上的时候，我们即使不知道树的名字，也可以根据它的叶子判断出它是常绿树还是落叶树。

4. 趣味性

幼儿园教师的教学口语应能够激发幼儿学习的兴趣，使幼儿快乐、自主地学习。教师要观察幼儿，聆听幼儿的心声，了解幼儿的纯真、活力与光彩，从而使教学口语具有有利于幼儿认知的趣味性。

二、幼儿园教师教学口语分类训练

幼儿园教师常用的教学口语有六类：导入语、讲授语、提问语、过渡语、应变语和结束语。幼儿园教师可以分类进行教学口语训练（图3-2）。

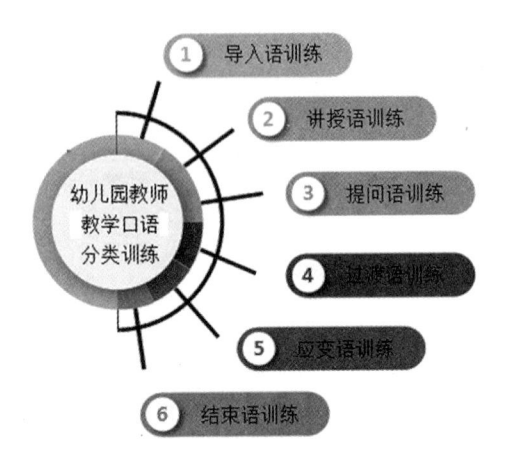

```
           ① 导入语训练
          ② 讲授语训练
    幼儿园教师
    教学口语    ③ 提问语训练
    分类训练
          ④ 过渡语训练
         ⑤ 应变语训练
        ⑥ 结束语训练
```

图 3-2　幼儿园教师教学口语分类训练

（一）导入语训练

导入语指幼儿园教师在教学活动开始之前，为了引出主题并吸引幼儿注意力而使用的一种教学口语。在训练导入语时，幼儿园教师要注意使导入语目的明确、趣味盎然和生动。幼儿园教师可以使用的导入语类型很多，如提问导入语、故事导入语、谜语导入语、谈话导入语、诗歌导入语等。下面对其中几种导入语的训练做简单介绍。

1. 提问导入语训练

提问导入语是指幼儿园教师采用提问的方式导入教学内容时使用的言语。教师提出问题，可以吸引幼儿的注意力，从而顺利地带领幼儿进入教学情境。在进行提问导入语训练时，教师可以根据教学内容准备几个问题，然后模拟提问导入的场景练习提问导入语。

提问导入语训练示例：

教师：小朋友们，你们有没有见过蜘蛛？

幼儿：（有的幼儿）见过。（有的幼儿）没见过。

教师：很好。见过蜘蛛的小朋友，请你们说说蜘蛛长什么样子。

幼儿：（有的幼儿）肚子大大的，（有的幼儿）有好多条腿……

教师：老师这里有一个蜘蛛标本。我们来仔细观察一下，蜘蛛究竟长什么样子。

2.故事导入语训练

教师进行故事导入,利用的是幼儿喜欢听故事的心理。教师在课堂教学开始时,先讲一个故事,吸引幼儿的注意力,激发幼儿的学习兴趣。在进行故事导入语训练时,教师可以根据教学内容准备几个故事,然后模拟故事导入的场景练习故事导入语。

故事导入语训练示例:

教师:今天,老师给你们讲一个故事好不好?

幼儿:好!

教师:从前有一只小猪,长着圆圆的脑袋、大大的耳朵、胖嘟嘟的身体,非常可爱,但是不爱干净,常常到垃圾堆旁找东西吃,吃饱了就在泥坑里滚来滚去,滚得浑身都是泥浆。有一天,小猪想去找朋友,一边走一边"哼哼哼,哼哼哼"地叫着。走着走着,小猪看见了小白兔,说:"小兔,我和你一块儿玩好吗?"小白兔回头一看,看到小猪身上很脏,就说:"你身上那么脏,快去洗洗吧。你洗干净了,我再和你玩。"小猪不愿意洗澡,只好走开了。它走着走着,走到草地上,碰到一只小白鹅。小猪高兴地问道:"小白鹅,我和你一块儿玩好吗?"小白鹅说:"你身上那么脏,快去洗洗吧。你洗干净了,我再和你玩。"小猪看了看自己,满身泥巴。小白鹅说:"我带你去洗澡吧。"小猪跟着小白鹅来到了河边,到河里用水洗呀洗呀,洗得干干净净。小白鹅看到小猪变干净了,高兴地说:"小猪变干净了。我们一起玩吧。"

教师:故事讲完了。老师想知道,你们平时是怎么讲卫生的呢?

3.谜语导入语训练

教师适当使用谜语,可以激发幼儿的好奇心,引发幼儿思考。待幼儿得到谜语的答案之后,教师便可以自然地使教学环节过渡到讲授知识。在进行谜语导入语训练时,教师可以根据教学内容准备几个谜语,然后模拟谜语导入的场景进行谜语导入语训练。

谜语导入语训练示例：

教师：今天，我们一起来猜一种动物好不好？

幼儿：好。

教师：有一种动物，白肚皮，绿衣裳，大眼睛，宽嘴巴，地上跳，水里划，叫起来，呱呱呱。你们猜这是什么动物？

（幼儿最终猜出来这是青蛙）

教师：猜对了。我们今天就来一起认识青蛙。

（二）讲授语训练

讲授语是指幼儿园教师讲授教学内容时使用的一种教学口语，是教学活动中基本的语言表达形式。在训练讲授语时，幼儿园教师要注意使讲授语生动形象、重点突出。讲授语的类型有很多，常用的主要有简明式讲授语、故事式讲授语和比拟式讲授语。幼儿园教师可分类进行讲授语训练。

1. 简明式讲授语训练

教师要用简明的讲授语讲清楚教学活动的内容和要求。简明式讲授语的优点是简洁、明了，易于被幼儿理解。在进行简明式讲授语训练时，教师可以收集一些讲授语，然后对讲授语进行精简。在精简讲授语时，教师要考虑幼儿的理解能力，不能一味地追求简明而忽视了幼儿有限的理解能力。

2. 故事式讲授语训练

故事式讲授语和故事导入语相似，都是利用故事吸引幼儿的注意力，激发幼儿的学习兴趣。两者的不同点是使用时间不同。教师通常在讲授教学内容时使用故事式讲授语，从而使讲授变得生动有趣、浅显易懂；通常在教学活动开始之前使用故事导入语。故事式讲授语训练和故事导入语训练也相似，以讲故事训练为主。

3. 比拟式讲授语训练

在讲授教学内容的过程中，幼儿园教师可以运用比拟的手法，将自己和幼儿比拟成幼儿熟知的动物或植物，然后以动物或植物的身份做游戏。这种讲授语的优点是生动形象，具有趣味性，符合幼儿的心理特点。在进行比拟式讲授语训练时，教师可扮演比拟的角色，模拟与幼儿的互动。

(三) 提问语训练

在教学活动中,教师可根据教学需求和幼儿的认知水平,设置一些问题,引发幼儿思考。在训练提问语时,教师应注意使问题明确、有启发性、难度适中,并使一节课的几个问题有一定的层次。提问语的类型有很多,如封闭式提问语、开放式提问语、强调式提问语、矫正式提问语等。下面主要介绍封闭式提问语训练和开放式提问语训练。

1. 封闭式提问语训练

封闭式提问语的特点是答案有限制性。教师使用封闭式提问语时,往往为幼儿提供几个可选答案,让幼儿在可选答案里选择。这种提问语为幼儿提供了思考的方向,幼儿可以循着指定的思路回答问题。这种问题难度较低。常用的封闭式提问语有是非式、填空式、比较式、连环式等几种形式。教师在训练封闭式提问语时,可针对不同的教学内容,选择练习不同形式的提问语。

2. 开放式提问语训练

开放式提问语的特点是答案没有限制性。教师使用开放式提问语时,不为幼儿提供思考的方向。幼儿可以不受限制地思考。这有助于激发幼儿的创造力,培养幼儿自主探索的能力。需要注意的是,教师提出的问题的答案不是漫无边际的,要符合幼儿的认知水平。在训练开放式提问语时,教师要充分考虑幼儿的理解能力和思考能力,提出有助于培养幼儿创造力和探索能力的问题。

(四) 过渡语训练

过渡语是指教师在组织教学活动的过程中,衔接或转换不同教学环节、不同教学内容时使用的教学语言。相较于讲授语、提问语,过渡语的使用频率不高。但过渡语也发挥着重要的作用。幼儿园教师有必要进行过渡语训练。在训练过渡语时,教师要注意使过渡语自然贴切、短小精悍。教师要重点训练使用过渡语的方法。使用过渡语的方法包括顺、拉、推等方法。这些方法既可以单独使用,也可以组合使用。教师在训练过渡语时,需要对这些方法都进行练习。

1. 顺:随景入境,自然过渡

在需要进行教学环节的过渡时,教师可以利用语言描述场景,创设情境,让幼儿进入情境,然后自然地进行教学活动。在练习这种方法时,教师要充分考虑幼儿的年龄特点，还要根据具体的教学内容，进行因人、因景、因情而异的自然过渡。

2. 拉：拉住缰绳，总结过渡

如果在教学中，在需要进入下一个教学环节时，幼儿还沉浸在上一个教学环节中，仍旧很积极，特别活跃，那么教师要及时拉住缰绳，用语言对上一个教学环节进行较好的总结，然后顺利地过渡到下一个教学环节。在练习该方法时，教师要注意在拉住缰绳的时候，不打消幼儿的积极性，要让他们在下一个教学环节中同样保持高涨的热情。

3. 推：推进一步，提升过渡

教师要使教学环节环环相扣，具有层次性，使幼儿在原有认知的基础上推进一步，提升认知，使各个教学环节在幼儿认知提升的过程中自然过渡。在练习该方法时，教师要注意对幼儿认知提升度的把握，要一步一个台阶，不要操之过急、拔苗助长。

（五）应变语训练

应变语是指幼儿园教师应对课堂突发情况时使用的教学口语。课堂教学是动态生成的过程，可能会出现一些突发情况。当课堂出现突发情况时，教师要随机应变，巧妙地应对突发情况，从而将突发情况对课堂教学的影响减到最小。应变语不是固定的，而是教师随机应变说出的话语。教师进行应变语训练，可以有效提升在课堂上随机应变的能力。在训练应变语时，教师可在模拟课堂中设计一些突发情况，使用恰当的应变语处理突发情况，逐渐提升使用应变语的技巧。

（六）结束语训练

结束语是指教学活动结束时教师使用的语言。结束语的主要作用是对教学活动进行总结、概括和延伸。在训练结束语时，幼儿园教师应注意使结束语简明扼要、概括到位、生动有趣。结束语的类型很多，幼儿园教师常用的结束语有两种：归纳总结式结束语和拓展延伸式结束语。

1. 归纳总结式结束语训练

在教学活动结束后，幼儿园教师对教学活动的内容进行总结，以加深幼儿对知识的理解，同时使幼儿加强对知识的记忆。归纳总结式结束语训练比较简单。教师可以以教材为基础，针对每节课的内容进行归纳总结式结束语训练。以健康教育课"胖和瘦"为例，教师可将本节课的教学内容总结如下：

小朋友们，要想保持身体健康，首先，要使营养合理。过胖和过瘦的人都需要调整饮食结构，要搭配着吃蔬菜和肉食，要少吃零食。其次，要加强体育锻炼，养成良好的生活习惯。

2.拓展延伸式结束语训练

在教学活动结束后，幼儿园教师还可以对教学活动的内容进行适当的拓展延伸。这不仅有助于培养幼儿自主探究的能力，还有助于拓宽其知识面。拓展延伸式结束语训练也比较简单。教师同样可以以教材为基础，针对每节课的内容进行拓展延伸式结束语训练。以社会活动课"有用的电话号码"为例，在教学活动结束时，教师可进行如下拓展：

小朋友们，我们今天学习了三个有用的电话号码：110、119、120（教师也可以让幼儿回答这三个电话号码是什么）。那么，除了这三个电话号码外，还有哪些有用的电话号码呢？请小朋友们回家和爸爸、妈妈一起讨论，好不好？

第四节　幼儿园教师交际口语技能训练

在教育教学工作中，幼儿园教师的交际对象除了幼儿外，还有幼儿家长和同事。幼儿园教师要和幼儿家长及同事进行良好的交际，有必要进行交际口语技能训练。根据交际对象的不同，可将幼儿园教师交际口语技能训练分为两部分，如图3-3所示。

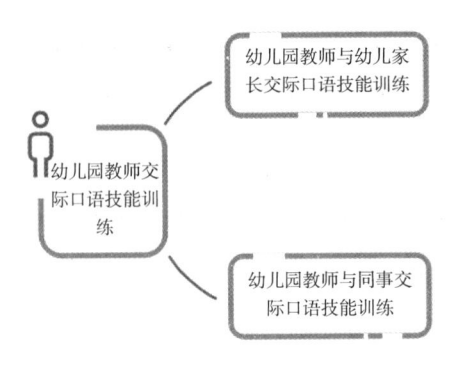

图 3-3　幼儿园教师交际口语技能训练

一、幼儿园教师与幼儿家长交际口语技能训练

（一）幼儿园教师与幼儿家长口语交际的原则

与幼儿家长进行口语交际是幼儿园教师教育教学工作中的一项重要内容。教师在与幼儿家长进行口语交际的过程中，要遵循一些原则。具体而言，教师与幼儿家长口语交际的原则包括尊重幼儿家长的原则、平等交流的原则、客观公正的原则、听说结合的原则及灵活应变的原则。

1.尊重幼儿家长的原则

尊重幼儿家长是幼儿园教师与幼儿家长交际时应遵循的重要原则。教师对幼儿家长的尊重主要体现在语言和行为上。教师用自己的言行体现出对每一位幼儿家长的尊重，对每一位幼儿家长一视同仁。

2.平等交流的原则

有时教师与幼儿家长的交流会出现不平等的情况。这种情况主要存在于两种交际情境中：一是教师在心理上占据优势地位，有些教师认为自己掌握了比较丰富的教育理论，在教育幼儿上自己是权威，幼儿家长需要按照教师的意见去教育幼儿；二是幼儿家长在心理上占据优势地位，有些幼儿家长接受过高层次的教育，对幼儿教育也有一定的了解，有时态度比较强硬，将自己的观点强加给教师。这两种交际情境都不利于教师和幼儿家长交流，也不利于幼儿教育质量的提高。在交流的过程中，教师和幼儿家长可以交换意见，切忌认为自己占据优势地位，而要平等地进行交流。

3.客观公正的原则

幼儿园教师与幼儿家长交际的一个重要目的是反映幼儿在园情况。这也是教师和幼儿家长相互配合，做好幼儿教育工作的一个重要环节。教师在向幼儿家长反映幼儿的情况时，应遵循客观公正的原则，如实反映幼儿在园情况。教师要对幼儿的优点表示充分肯定，也要指出幼儿存在的问题。这有利于教师与幼儿家长配合，共同促进幼儿成长与发展。

4.听说结合的原则

在与幼儿家长交际的过程中，教师不能一味地说，还需要倾听幼儿家长的想法。这既是尊重幼儿家长的表现，也是双方合作的重要基础。教师在与幼儿家长交际时，要遵循听说结合的原则，既要积极表达自己的想法，也要认真听取幼儿家长的想法。在倾听幼儿家长说话时，教师应注视幼儿家长，并表示对对方话题的关注，同时通过点头、说"嗯"等方式表示对幼儿家长的肯定。有时，教师可以根据幼儿家长说的话提出一些问题，以此来促使谈话深入。

5.灵活应变的原则

教师与幼儿家长进行交谈的过程中，可能会出现一些突发情况。这就需要教师做到灵活应变，以应对各种情况。此外，幼儿家长在综合素质和性格等方面存在差异。教师在与幼儿家长谈话时，要根据幼儿家长的特点灵活应变。比如，教师和性格开朗的家长交谈，需要直言，说话中肯，不应含糊其词、拐弯抹角；教师和性格内向的家长交谈，说话要委婉、含蓄，不应话锋犀利、咄咄逼人；教师和善于说话的家长交谈，需要认真倾听，准确领会家长的言外之意；教师和少言寡语的家长交谈，说话要直截了当、简明扼要，不应滔滔不绝、夸夸其谈。

（二）幼儿园教师与幼儿家长交际口语技能训练的主要内容

幼儿园教师与幼儿家长交际的情况主要有两种：家访谈话和家长会谈话。

1.家访谈话训练

随着手机的普及，幼儿园教师和幼儿家长之间的沟通变得越来越便捷。但家访仍旧是不可缺少的，其发挥的作用远超用手机沟通。幼儿园教师家访的类型很多，有一般性家访、表扬性家访、慰问性家访、纠正不良家庭教育类家访、沟通性家访等。无论开展哪种类型的家访，幼儿园教师都要了解家访的基本程序。

幼儿园教师家访的基本程序如图3-4所示。

第一步
教师向家长介绍幼儿园教育情况及幼儿在园表现。这个阶段的谈话基本上以教师独白的形式进行

第二步
教师向家长了解家长的基本情况、幼儿在幼儿园外的情况等。这个阶段的谈话基本上以教师发问的形式进行

第三步
教师与家长共同研究教育幼儿的措施与策略。这个阶段的谈话基本上以双方交谈的方式进行

图3-4 幼儿园教师家访的基本程序

除了熟知家访的基本程序外，教师在进行家访谈话训练时，还要注意以下两点：

（1）做到"五要五不要"。要态度谦和，不要盛气凌人；要开诚布公，不要藏头露尾；要实事求是，不要转嫁责任；要胸有成竹，不要随意发挥；要一分为二，不要轻诺寡信。

（2）要学会巧妙地转入正题。在教师与幼儿家长谈话的过程中，有时会出现谈话偏离主题的情况。这时，教师应在适当的时机打断幼儿家长的话，然后巧妙地转入正题，以使谈话能够顺利地进行下去。

2.家长会谈话训练

家长会是幼儿园教师组织幼儿家长共同参与的集体会议。家长会的主要作用是促进家园合作。目前，家长会常见的开法有如下几种：

（1）对话讨论式：针对幼儿比较突出的一两个问题，教师与幼儿家长展开讨论。

（2）交流式：教师与幼儿家长针对幼儿普遍存在的一些问题进行讨论，彼此交流经验。

（3）展示式：教师展示幼儿的作品、作业或获奖证书等，让幼儿家长参观，让幼儿家长进一步了解自己的孩子。

（4）参观游览式：教师、幼儿家长、幼儿一起外出参观游览，在活动中加深了解，增进感情。

（5）联谊式：教师、幼儿家长、幼儿一起开展联谊活动，如游戏、表演等活动。教师、幼儿家长、幼儿开展这些活动的目的也是在活动中加深了解，增进感情。

在进行家长会谈话训练时，幼儿园教师要对上述几种常见的家长会开法进行训练。除此之外，幼儿园教师还要注意以下两个训练要点。

其一，谈话以表扬幼儿为主。家长会属于集体活动，幼儿家长全部参与。在这样的场合，多数幼儿家长都在乎自己的面子，不希望听到自己的孩子犯错的事。教师在家长会上谈话应以表扬幼儿为主。如果一些幼儿的问题确实需要向幼儿家长反映，那么教师可等家长会结束后，单独与幼儿家长进行沟通。

其二，教师要积极听取幼儿家长的意见。教师和幼儿家长共同对一些问题进行讨论的时候，要积极听取幼儿家长的意见，并认真分析他们的意见的科学性，然后共同商讨教育幼儿的策略。教师这样做，可以使幼儿家长感受到被重视，也可以收集幼儿家长的观点。这无论对家长会，还是对教师的教育教学，都具有积极的作用。

二、幼儿园教师与同事交际口语技能训练

（一）幼儿园教师与同事口语交际的原则

与同事进行口语交际也是幼儿园教师教育教学工作中的一项重要内容。幼儿园教师与同事进行口语交际，要遵循一些原则。具体而言，幼儿园教师与同事口语交际的原则包括平等原则、真诚原则、语境协调原则、听说结合原则及尊重谅解原则。

1. 平等原则

虽然不同的幼儿园教师的职务可能不同、任职年限可能不同、年龄可能不同，但幼儿教育目标一致，都是促进幼儿发展。不同的幼儿园教师要平等对话，共同为了幼儿的发展而努力。

2. 真诚原则

幼儿园教师之间的口语交际要真诚。无论是同事之间针对教育教学工作进行交谈，还是同事之间相互请求帮助，抑或是同事之间针对彼此的问题进行

讨论，都要真诚。这样，幼儿园教师才能获得其他教师的真诚相待，进而彼此建立起良好的同事关系。

3.语境协调原则

教师之间的口语交际要与教师所处的语境相协调。因为教师所处的语境不同，使用的口语也存在差异。比如，在教研活动的语境中，教师要注意将口语和书面语结合，做到立论鲜明、准确、简明，说话条理明晰、重点突出、态度谦和；在日常的交谈中，教师无须考虑口语和书面语的结合，说话以简洁地表达清楚观点为宜。

4.听说结合原则

幼儿园教师在和同事进行口语交际时，要将说话和倾听结合起来。幼儿园教师与同事进行口语交际时，既要积极表达自己的想法，也要认真倾听对方的想法，从而获得良好的沟通效果。

5.尊重谅解原则

幼儿园教师在与同事进行口语交际的过程中，要尊重对方，包括尊重对方的性格和忌讳。此外，在口语交际的过程中，也可能会发生一些不愉快的事情，比如，有的教师因为情绪比较激动，说了过重的话，甚至造成言语冲撞。面对这种情况，教师如果知道对方不是故意所为，就要谅解对方，以使交流继续进行。

（二）幼儿园教师与同事交际口语技能训练的主要内容

幼儿园教师与同事进行口语交际的情况主要有三种：与上级领导谈话、与同级同事谈话及教学研讨活动中的谈话。

1.与上级领导谈话训练

幼儿园教师与上级领导谈话的内容主要是请示、汇报，目的是获得上级的理解、信任和支持。在训练和上级领导谈话时，教师要注意以下两点：

（1）明确谈话内容。幼儿园教师与领导谈话的目的往往比较明确。为了使领导快速知晓教师谈话的目的，教师需要将谈话的内容简洁明了地告知领导，做到言简意赅。

（2）注意谈话方式。在与上级领导谈话时，教师用语要坦诚、谦敬，同时保持良好的心态，营造和谐的谈话氛围。

2. 与同级同事谈话训练

幼儿园教师与同级同事谈话往往是围绕教育教学工作展开的，目的是更好地开展教育教学工作，提高教育教学质量。在训练与同级同事谈话时，幼儿园教师要注意以下两点：

（1）掌握话题。幼儿园教师之间的谈话往往是围绕一个或几个与教育教学相关的话题展开的。在训练与同级同事谈话时，教师要掌握话题，并以话题为核心，表达自己的看法，通过相互交换意见解决教育教学中存在的问题，促进教育教学质量的提高。

（2）善于提问。问题可以引发大家思考，也可以促使谈话更加深入。在针对某个或几个与教育教学相关的话题进行谈话训练时，教师要保持注意力集中，针对谈话中的疑点提出问题，从而使谈话发挥较大的效用。

3. 教学研讨活动中的谈话训练

教学研讨活动的目的是提高教育教学质量，促进幼儿园教师的专业发展。教学研讨活动是一种比较严肃的学术性研讨活动。在训练教学研讨活动中的谈话时，教师要注意以下几点：

（1）态度谦和。由于不同教师的教学经验不同，所以在教学研讨活动中不同的教师进行交流时，可能会意见相左。面对这种情况时，教师切忌言辞激烈，而要保持谦和的态度、平和的语调，不打断对方的发言，更不使用过激的言论顶撞对方。

（2）言辞简练。幼儿园的教学研讨活动往往需要很多教师参与。这就要求教师的言辞要简练。在教学研讨活动中，教师要用较短的时间、较少的话语，让其他教师理解自己的想法，而非长篇大论地发表见解。

（3）谈话条理清晰。作为一种学术性的讲话，教学研讨活动中的谈话除了要简练外，还要条理清晰、重点突出。

第四章 幼儿园教师艺术教育相关技能训练

第一节 幼儿园教师舞蹈技能训练

一、舞蹈基本常识

幼儿园教师了解舞蹈的基本常识，有利于更好地开展舞蹈技能训练。下面对舞蹈基本常识进行简要的介绍。

（一）舞蹈的8个基本方位

幼儿园教师了解舞蹈的8个基本方位，有利于增强在舞台上的方向感。苏联芭蕾舞蹈家、教育家瓦冈诺娃确立了舞蹈的8个基本方位（图4-1），每两个方位之间间隔45°，8个方位正好360°。舞蹈的8个基本方位的提出解决了舞蹈方位确立的问题。幼儿园教师需要了解这8个基本方位。

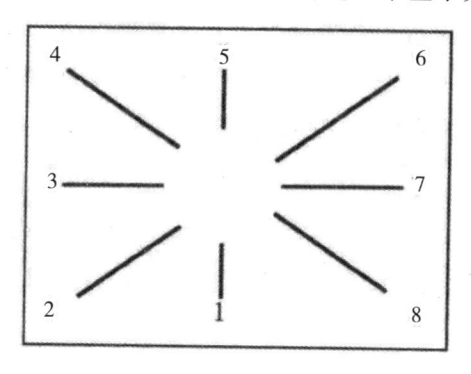

图4-1 舞蹈的8个基本方位

（二）舞蹈的基本脚位

脚位是指舞蹈训练中脚步的基本位置。幼儿园教师进行舞蹈技能训练，需要掌握9种基本脚位。

1. 正步

两脚靠紧，脚尖朝向正前方，身体及头也朝向正前方，重心在两脚上，自然抬头挺胸、立腰、收腹、肩下沉。

2. 小八字步

两脚的脚跟靠拢,脚尖对前方两斜角,相距大约一脚,形成八字形,身体及头朝向正前方,重心在两脚上。

3. 大八字步

两脚的脚尖相距一脚半,其他要领同小八字步。

4. 丁字步

丁字步包括左丁字步和右丁字步。以左丁字步为例,左脚跟靠在右脚窝处,外展45°,像丁字,重心在两脚上,头朝向左前侧。

5. 小踏步

以左脚在前为例,左脚尖朝向正前方,右脚向左后踏,脚掌着地,与左脚跟在一条线上,左脚直立,重心在左脚上,右腿微屈,两膝前后重叠。

6. 弓箭步

弓箭步是丁字步的变形和发展。以右弓箭步为例,右脚顺脚尖方向迈出,右腿屈膝,右腿的小腿与地面垂直,右腿的大腿和小腿呈稍大于90°的角,左腿在后绷直,重心放在两腿中间,上身和右脚尖朝同一方向。

7. 虚步

虚步包括前虚步和后虚步。前虚步是左脚在前,在小八字脚位上,左脚向正前方擦地,一直到最大限度,脚尖点地,重心在右腿上;后虚步与左虚步要领相同,不同的是右脚在前。

8. 一字步

两脚的脚跟相靠,双腿绷直、靠紧,脚尖向两边呈"一"字状,重心在两脚上,身体及头朝向正前方。

9. 大一字步

两脚跟之间的距离是横的一脚半,其他要领同一字步。

(三)舞蹈的基本手位

手位是指舞蹈训练中手的基本位置。以中国古典舞为例,幼儿园教师进行舞蹈技能训练,需要掌握5种基本手位。

1. 山膀位

上臂高度与肩平,开度与胸平,小臂微向里弯,整个手臂呈弧线,腕子微扣,手指尖向上,掌心向外。

2. 按掌位

手按于身前,臂呈弧形,稍低于胸部,手指微向上,手心对前斜下方,从肩到手形成弧形。

3. 托掌位

手臂向上,掌托于额前上方,食指对眉梢,手臂保持弧线状。

4. 提襟位

左臂架于胯旁,如提衣襟状。手臂保持弧线,肘尖微向上端及向前顶,手半握拳,手腕稍向里转,虎口在身前斜对胯骨。

5. 扬掌位

右臂举至头侧斜上方,手心朝头前斜上方,手臂伸直或屈肘。

(四) 舞蹈的专业术语

(1) 主力腿:支撑人体重心的腿,起直立稳定的作用。

(2) 动力腿:动力腿主要负责运动。各种动作的完成都依靠动力腿,所以动力腿不能支撑人体重心。

(3) 身韵:这是古典舞的术语,全称是身法与韵律。

(4) 眼视:眼睛看的方向。舞者可利用眼视来增强舞蹈动作的精、气、神。

(5) 亮相:属于一种技法,源于古典舞,主要作用是展示美丽的舞姿造型。

(6) 双起双落:双脚同时向上跳起,双脚同时落地。

(7) 双起单落:双脚同时向上跳起,只有一只脚落地,另一只脚可以以任何一种离地的姿势停住。

(8) 单起单落:一只脚向上跳起,换另一只脚落地。

(9) 单起双落:一只脚向上跳起,双脚同时落地。

二、幼儿园教师舞蹈技能训练的内容

(一) 舞蹈基本功训练

幼儿园教师舞蹈基本功训练主要包括柔韧训练、下肢训练和素质训练。

1. 柔韧训练

(1) 压肩：正对把杆，距把杆大约一步，将双臂伸直，小臂搭在把杆上，上身前屈，两腿并拢（也可以分开大约一步的距离），提气、收腹、低头，利用上体的振动压肩。如果没有把杆，幼儿园教师也可以两人一组，借助彼此的身体完成压肩训练。

幼儿园教师在进行压肩训练时，要注意以下几点：

①在做压肩动作时，手臂、腿和躯干都不可弯曲。

②应保持肩关节放松，确保肩充分拉开。

③动作不宜过快。完成四个八拍动作后，应休息两个八拍。

(2) 反拉肩：背对把杆，前后弓步站立或并步站立，头和身体朝向正前方，手臂向后伸直握住把杆，然后下蹲（或外拉），利用下蹲（或外拉）的力量外拉。

幼儿园教师在进行反拉肩训练时，要注意以下两点：

①肩角充分拉开，振动幅度达到自身的最大限度。

②动作节奏不宜过快，可先慢后快。切忌突然用力。

(3) 拉旁腰：单手扶住把杆，双腿并拢，眼睛正视前方，另一只手由体侧向上摆动，同时带动躯干和头，直到手触碰到把杆。还原时，躯干和头随手一起还原。

幼儿园教师在进行拉旁腰训练时，要注意以下两点：

①双腿始终保持伸直，不可弯曲。

②动作节奏不宜太快，两拍一次或四拍一次。

(4) 扶把下腰：正对扶杆，一只手扶着把杆，两脚并拢或分开一步的距离，另一只手由身前向后摆动，带动身体向后下腰，一直做到最大限度。

幼儿园教师在进行扶把下腰训练时，要注意以下两点：

①下腰时，手臂和头带动身体向后，使关节充分展开；还原时，腰部发力，带动身体还原。

②动作节奏不宜过快，四拍一次或八拍一次。

（5）跪拉肩、胸、腰、髋：背对墙跪坐在把杆的下面，脚尖抵墙，双手抓住把杆，与肩同宽，目视前方，做好准备动作；保持脚尖抵墙，脚背贴地，膝盖伸直，大腿、髋、腰、胸、颈、头、手臂依次呈波浪状向前上方顶送，使身体呈反弓形；还原时，屈肘、屈腿、收腹、含胸、低头至准备姿势。

幼儿园教师在进行跪拉肩、胸、腰、髋训练时，要注意以下两点：

①躯干、四肢要充分顶开后展开。

②身体各关节应顺次顶开和收回。

（6）耗半腰：两脚分开站立，手臂上举，与肩同宽；手指带动身体向后下腰，下到半腰时保持不动，停留二至四个八拍，还原。还原时，腰部发力，带动身体还原。

幼儿园教师在进行耗半腰训练时，要注意以下两点：

①向后下腰时，身体应充分展开。

②下腰速度不宜过快。还原时，切忌突然发力，快速复原。

（7）中间涮腰：目视前方，两脚分开站立，与肩同宽，左手按掌，右手臂做山膀动作，做好准备动作；双臂伸直，与肩同宽，指尖带动双臂，向前屈腰90°，然后双臂向左移动，再向后，经过后下腰的过程，继续转动，一直转动到准备动作的位置，然后换方向重复上述动作。

幼儿园教师在进行中间涮腰训练时，要注意以下两点：

①在涮腰的过程中，双腿保持伸直，脚不要移动。

②动作节奏以八拍一次为宜。

2. 下肢训练

（1）前压腿：以左腿为例，自身正步位站立，右手扶住把杆，左腿抬起，搭在把杆上，腿伸直，上半身向前压。重复上述动作。

幼儿园教师在进行前压腿训练时，要注意以下两点：

①在压腿的过程中，支撑腿和被压腿都需要伸直，不能弯曲。

②下压上身时，速度不宜过快。

（2）旁压腿：以左腿为例，保持一位站立，正对把杆，左腿抬起，搭在把杆上，腿伸直，上体左侧屈。重复上述动作。

幼儿园教师在进行旁压腿训练时，要注意以下两点：

①在压腿的过程中，支撑腿和被压腿都需要伸直，不能弯曲。

②在上体左前屈时，尽量保持头与上身呈一条线，不要低头。

（3）横叉：双腿向两侧滑出，呈横向"一"字，上半身直立，双手触碰地面。

幼儿园教师在进行横叉训练时，要注意以下两点：

①双腿要直，上半身要直立。

②在初次训练时，髋关节不能太开的教师可以双手扶地，慢慢地使双腿向两侧滑出。

（4）竖叉：双腿分别向前、后方滑出，呈"一"字，上半身直立，双手触碰地面。

竖叉训练的注意事项和横叉训练的注意事项相同。

3.素质训练

（1）仰卧两头起：仰卧于地上，全身伸直，绷脚，做好准备动作；上身和双腿同时向上抬起，双手触碰脚面，稍稍停留片刻后，上身和双腿同时落地，还原为准备姿势。重复上述动作。

幼儿园教师在进行仰卧两头起训练时，要注意以下两点：

①在训练的过程中，要尽可能伸直双腿、双臂。

②上身和双腿要同时起落，不可一前一后起落。

（2）俯卧两头起：俯卧于地面上，躯干和双腿伸直，绷脚，双臂伸直，与肩同宽，贴于地面，做好准备动作；上下肢同时上抬，抬到最大限度，然后还原到准备姿势。重复上述动作。

幼儿园教师在进行俯卧两头起训练时，要注意以下两点：

①在训练的过程中，要尽可能伸直双腿、双臂。

②上下肢上抬速度要快。还原时，要控制好速度。还原速度不宜过快。

（二）舞蹈创编技能训练

舞蹈创编技能也是幼儿园教师要掌握的一项技能。幼儿园教师除了要进行舞蹈基本功训练外，还要进行舞蹈创编技能训练。幼儿园教师训练舞蹈创编技能，可从如下三点着手。

1.全面了解幼儿舞蹈的特点

幼儿舞蹈具有儿童性和趣味性的特点。在创编幼儿舞蹈之前，教师应充分了解幼儿舞蹈活泼的音乐节奏及简洁的舞蹈动作，体会幼儿舞蹈独特的意境和情趣。教师要站在幼儿的角度去看待舞蹈，细心观察幼儿的一举一动，从而使创编出来的舞蹈符合幼儿的身心发展特点。

2.由易到难地进行舞蹈创编技能训练

教师训练舞蹈创编技能，应遵循由易到难的原则，先从简单的律动开始创编，待逐步掌握幼儿舞蹈创编的方法后，再提升舞蹈动作的复杂性。当然，幼儿的理解能力有限，动作协调能力也相对较弱。幼儿很难完成复杂的舞蹈动作。教师在练习创编较复杂的舞蹈时，要充分考虑幼儿的接受能力和对动作的完成度，而非一味地追求复杂的舞蹈动作。

3.采用先合作创编，再独立创编的训练方式

在训练舞蹈创编技能的初期，由于舞蹈创编的难度较大，所以有些教师容易产生畏难心理，这会影响舞蹈创编技能训练效果。在舞蹈创编技能训练的初期，教师可和其他教师合作创编舞蹈，待逐步掌握幼儿舞蹈创编的方法后，再练习独立创编舞蹈。

第二节 幼儿园教师美术技能训练

一、幼儿园教师绘画技能训练

（一）绘画基础知识

幼儿园教师了解绘画基础知识，有利于更好地开展绘画技能训练。下面对绘画基础知识进行简要的介绍。

1.色彩

色彩是通过眼、脑和人们的生活经验产生的一种对光的视觉效应。人类视觉能够感知到的一切色彩都具有色相、明度和彩度三种属性。色相、明度和彩度相互独立，又相互联系，相互影响。了解色彩的属性，是认识色彩的第一步。色相指各种颜色的相貌，是一种颜色区别于另一种颜色的名称，如红色就是一种色相。[1] 明度指色彩的明亮程度。彩度是指色彩的含彩量的饱和程度。含彩量越高，色彩越纯。幼儿园教师除了要了解色彩的属性外，还需要了解

---

[1] 汪瀛，王任娟，蔡友.色彩构成：修订版[M].沈阳：东北大学出版社，2018：7.

色彩的三原色。色彩的三原色是指色彩中不能再分解的三种基础颜色，即红、绿、蓝。三原色可以混合出所有的颜色。

2.图案

图案是一种具有装饰性和实用性的美术形式。图案的构成形式主要有三大类：单独纹样、连续纹样和适合纹样。单独纹样具有独立性和完整性，可以单独使用，也可以作为连续纹样和适合纹样的基础纹样。连续纹样是以一个或几个单独纹样为基础纹样，通过反复构成的纹样。适合纹样是将单独纹样中的一个单元或几个单元剥离出来，将其放在某个物体上，使纹样和物体完全适应。图案的表现技法很多。人们可以使用的表现图案的工具、材料也很多。为了得到理想的绘画效果，幼儿园教师应根据绘画需要选用合适的表现图案的技法、工具、材料。

3.构图

人们可以将绘画构图简单地理解为对画面的组织。人们利用绘画构图，可以使画面上的物体位置适宜、大小适中。幼儿园教师进行绘画构图时，应遵循两个基本原则：对称与均衡、统一与变化。

（1）对称与均衡。对称是指将绘画的主体物置于画面的中心位置，将非主体物置于画面的两侧或边缘。均衡是指在一个场景中，画面两个相对的位置虽然有不同的事物，但在力的感觉上是平衡的，呈现出一种"异形等量"的平衡形式。在绘画中，对称与均衡是构图基础，可以使画面具有较强的稳定性。

（2）统一与变化。统一是指在绘画时将相关的元素放到一个画面内，如将苹果、橘子、橙子等大小相近的水果放在同一水平面上。统一可以使画面具有秩序感和整体感。但过分统一容易使画面显得乏味、单调。变化是指画面中不同物体的结构、摆放位置、明暗等存在差异。变化可以使画面显得生动活泼。但过分变化容易使画面显得松散、杂乱。

幼儿园教师除了要了解构图的两个基本原则外，还需要了解常见的构图形式。常见的构图形式有平稳安定的三角形构图、纵深绵长的竖构图、稳定宽广的横构图、优雅又有韵律感的S形构图、灵活多变的梯形构图及生动有趣的L形构图。在绘画时，幼儿园教师应根据绘画需要选择合适的构图形式。

（二）幼儿园教师绘画技能训练的主要内容

1. 素描训练

（1）握笔姿势训练。素描的握笔姿势和写字的握笔姿势是不同的。幼儿园教师在进行素描训练时，先要进行握笔姿势训练。在训练握笔姿势时，教师要注意握笔的手应内空而松，握笔要稳，从而更好地控制笔，使运笔更加平稳和流畅。画不同大小的画时，握笔姿势也有一定的区别。如果画大幅画，握笔就像拿东西一样，四个手指执笔；如果画小幅画，握笔就可以像写字握笔一样。

（2）线条练习。在素描中，线条是表现物象的重要元素。幼儿园教师需要进行线条练习。在练习线条时，教师要注意把握线条运动的轻、重、缓、急的节奏感，同时尽量将线条画得平直、流畅、自然、有序。在进行排线练习时，教师应注意线条运动方向的一致性以及线条的疏密程度（应均匀）。无论做哪种线条练习，教师都要体会运笔时肘关节和腕关节对线条的影响。在能够比较熟练地画出单一方向的线条后，教师可以练习画组合线条，即将不同方向的线条组合起来，注意线条的组合关系，从而为景物写生奠定基础。

（3）几何体画法练习。素描中任何复杂的形态都可以被拆解或概括为几何体，如立方体、柱体、球体、锥体等。幼儿园教师在进行线条练习之后，还要进行几何体画法练习。下面对几种常见的几何体的画法进行简要介绍。

①立方体。立方体是基础的形体，有六个面、八个顶点、十二条边。教师在练习画立方体时，需要注意面与面之间的透视关系。

②柱体。柱体的类型有很多。此处以六棱柱为例，其侧面为长方形，上下两个面为六边形。在练习画六棱柱时，教师要注意六棱柱侧面长方形长与宽的关系，避免将六棱柱画得过高或过矮。另外，教师还需要注意六棱柱侧面和上下两个面的透视关系。

③球体。教师画球体时，需要画弧线。相较于画立方体和柱体，画球体的难度稍大。教师在练习画球体时，为了画好弧线，可以采用以方切圆的方式来画球体。在以方切圆时，教师要先找到球体外轮廓线与正方形相切的四个切点。在以方切圆的过程中，教师每次所切不宜过多。教师所画越接近球体，所切越少。另外，为了使球体的立体感更加突出，教师还要处理好前实后虚的空间关系。

④锥体。以锥体中的圆锥为例，其底面是正圆，侧面是圆滑的曲面。其实，教师如果学会了画圆柱，那么可以很快掌握画圆锥的方法。画圆柱和画圆锥不同的是，画圆锥时，教师需要确定顶点的位置和底面圆的透视表现。

2. 简笔画训练

（1）线条练习。在简笔画中，线条是使用最多的元素。幼儿园教师有必要进行简笔画线条练习。简笔画线条练习主要包括横线练习（从左向右）、竖线练习（从上到下）、斜线练习（左斜、右斜）、折线练习、曲线练习及综合练习。无论练习哪种线条，教师都要做到使线条轻重适宜、清晰、均匀、流畅、有力度感。

（2）几何形体练习。在简笔画训练中，几何形体练习也非常重要。与素描不同的是，简笔画的几何形体主要是二维图形，如方形、圆形、三角形、菱形、梯形等。教师在能够熟练画出单个图形后，便可以练习画组合图形，如画圆形加长方形、正方形加长方形、半圆加正方形等。

（3）不同类型的简笔画的练习。

①交通工具简笔画练习。常见的交通工具有飞机、火车、汽车、轮船、电动车、自行车等。在练习画这些交通工具的简笔画时，教师应认识到，这些交通工具看似复杂，但其实都是由一些几何形体组成的，如长方形、正方形、圆形等。教师要将这些复杂的交通工具概括为几种几何形体，然后画出这些几何形体。此外，在画几何形体时，教师还要注意这些几何形体的比例关系，从而更好地表现出这些交通工具的形象特征。

②风景简笔画练习。在练习风景简笔画时，教师也可以将其概括为简单的几何形体，要注意远景、中景、近景的关系，要明确风景简笔画要表现的主题，如要画以山川为主体的简笔画，则需要重点表现山川。

③人物简笔画练习。在练习人物简笔画时，教师要从画人物的头部练起，然后练习人物全身的画法。

人物的头部可以用一个椭圆表示。有时为了表现不同人物的性格特征，教师需要对人物头部进行一定的处理，如将人物头部画成田字形、甲字形、国字形、由字形、目字形等。教师需要练习画这些不同形状的人物头部。此外，有时为了增强人物简笔画的趣味性，或者使人物的性格特征更加鲜明，教师还可以采用夸张的手法，将人物的头部画成长方形、梯形、三角形等。

在画人物五官时，教师也可用概括的方法，只将人物五官的形象概括出来即可，无须对五官细节进行描绘。

另外，教师还要练习表现人物的不同表情，画不同发型，画不同年龄、性别的人物头部，画不同头饰，画不同角度的头部。

在能够比较熟练地画人物头部的简笔画后，教师便可以练习画人物的全身。在练习画人物的全身时，教师主要练习两种画法：夸张变形画法和动态线画法。夸张变形画法就是对人物形象进行夸张处理，如将身子画得很小，将头画得很大。动态线画法就是认准人物的动态线，省略人物其他烦琐的部分，强调动态，展现生动的形象。

除了练习上述两种画法外，教师还需要练习表现人物的形态结构，表现不同性别、年龄的人物的形态特征，表现动态人物特征。

④动物简笔画练习。动物包括兽类、鸟类和家禽等。教师在练习画动物简笔画时，也可以将动物概括为一些几何图形，且需要将不同动物的特征表现出来。比如，教师可将鸟类形体的共同特征概括为椭圆形。教师还要观察不同鸟类形体的不同特征，并将不同鸟类形体的不同特征和椭圆形结合起来，从而画出不同类型的鸟类。练习画动物简笔画时，教师也可以概括并表现出动物不同动作的特征。教师在平时应仔细观察动物，找出不同动物的特征，并练习用简笔画表现出动物的特征，从而熟练地用简笔画画出不同的动物。

二、幼儿园教师手工技能训练

（一）手工基础

1.手工制作常用工具与材料

（1）手工制作常用工具。

①剪刀：主要用于剪纸、布、线、秸秆等材料。一般的家用剪刀即可满足手工制作需求。

②刀具：主要用于各种纸或其他软质物品的切割与雕刻，包括美工刀、刻纸刀、木刻刀等。

③针、锥或钻：主要用于缝制、刺绣或钻孔。

④夹子：主要用于纸、布等软质物品的固定。一般铁夹、木夹或塑料夹均可满足手工制作需求。

⑤尺子：主要用于画线、测量或计算，包括直尺、角尺、多用尺等。

⑥笔：铅笔、毛笔、画线笔等。毛笔除了用于写和画以外，还可用于涂抹糨糊或胶水。

⑦其他：圆规、砂纸、泥箆、泥工板、胶带、订书机、糨糊等。

（2）手工制作常用材料。

①纸类。纸的种类很多，颜色也很多。教师可通过折叠纸、插接纸、粘贴纸等方式制作出多种造型。手工制作用的纸包括专用纸、普通纸、废纸，如废报纸、废作业纸等。

②布、线类。教师可利用布的纹样、色彩、毛边等制作平面造型、立体造型，可用线（毛线、棉线、化纤线等）扎、缠、编、织等，制作出造型。

③泥类。教师可利用泥类材料制作多种造型。可用于手工制作的泥类很多，如橡皮泥、彩色黏土、陶土等。

④石材类。在进行手工技能训练时，教师可选用外形美观或形似他物、色彩丰富、肌理纹样清晰的石材。这样的石材既可成为独立的造型，也可组合起来，构成组合造型。

⑤其他材料。其他材料有很多，如植物的根、茎、叶，无毒无害的废旧物品（如包装盒、旧衣物等）。教师利用这些材料，可以制作出精美的手工作品。

2.手工制作的种类

手工制作的种类如表4-1所示。

表4-1 手工制作的种类

分类依据	种类
制作材料的物理性质	纸工、泥工、塑料工、布工
手工作品的用途	实用手工、观赏手工、装饰手工
制作工艺	编织、雕刻、粘贴、缝纫、模具

3.手工制作的步骤

手工制作的步骤如图4-2所示。

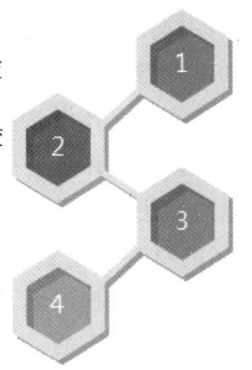

1 确定制作物用途，如实用的、装饰的、玩耍的、操作的

2 根据制作物的用途，确定制作物的艺术表现手法，设计具体形象，设计比较完善的制作加工流程

3 选择制作材料。材料的选择与使用不仅要适合所要塑造的形象，也要体现出创作意图

4 采用合适的制作方法。手工制作过程和成品的装饰手法、艺术效果等要符合造型美的规律

图 4-2　手工制作的步骤

（二）幼儿园教师手工技能训练的主要内容

幼儿园手工的种类很多。教师要掌握的手工技能也很多。下面主要介绍几种常用的手工技能的训练。

1. 纸造型制作技能训练

纸造型的种类有很多。根据空间造型不同，可将纸造型分为平面纸造型和立体纸造型。无论制作平面纸造型，还是制作立体纸造型，教师都要充分考虑纸的可塑性，在此基础上采用不同的造型手段，制作出丰富多样的造型。教师进行纸造型制作技能训练，可以从平面纸造型制作技能训练和立体纸造型制作技能训练两个方面着手。

（1）平面纸造型制作技能训练。平面纸造型包括剪纸造型、撕纸造型、染纸造型、纸贴装饰画等。在训练平面纸造型制作技能时，教师先要了解常用的材料和工具，然后了解常用的制作方法，最后按照制作步骤进行实践训练。

以剪纸制作技能训练为例，剪纸要用到的材料和工具主要有纸、衬板、剪刀。常用的剪纸制作方法有月牙法、锯齿法、鱼鳞法、波浪法等。教师可主要练习这些制作方法。

剪纸制作可分为四步：

第一步，起稿：用单线画出草图。

第二步，图稿剪纸化：将草图中没有连接的线连接起来，把线条加粗，使之更加清晰；对一些重要部位的纹样进行加工美化，得到较好的剪纸装饰效果。

第三步，标色：将要剪出来的部分用深颜色的画笔标示出来。

第四步，剪：将标示出来的部分剪下来。

（2）立体纸造型制作技能训练。立体纸造型制作包括折纸、彩球制作、头饰制作、纸花制作、拧纸等。在训练立体纸造型制作技能时，教师要先了解使用的材料和工具，然后了解制作方法，最后利用这些方法进行实践训练。

以折纸技能训练为例，常用的材料和工具有纸和剪刀，常用的方法有对边折、对角折、集中折、向中心折等。教师可练习使用这几种方法折纸。在折纸技能训练初期，教师可先折一些简单的造型，如双三角形、单菱形、双菱形等。待能够熟练运用折纸技能后，教师可练习折一些复杂的造型，如鹦鹉、马等动物的造型。

2. 泥造型制作技能训练

制作泥造型可以使用的材料有很多，如陶土、黄胶泥、面包土、纸黏土等。在泥造型制作技能训练中，技法训练是核心。下面简单介绍泥造型制作的常用技法。

（1）抟：将泥置于手掌，双手相对旋转揉动，使泥块呈圆球状。

（2）搓：将泥置于掌心，双手相对搓动，将泥搓成条状。

（3）捏：手指相互配合，将泥捏塑成需要的形状。

（4）压：通过挤压，使泥呈扁形或凹形。

（5）切：用泥刀将泥切成各个不同的部分。

（6）戳：用工具进行刺印，表现凹形痕纹。

（7）接：包括"粘接"和"棒接"，即用湿泥或牙签将两块泥连接起来。

（8）刻：用泥工工具在泥表面刻画线纹，以表现物象造型特征或装饰。

（9）剪：用剪刀将泥分割成造型需要的形状。

（10）贴：将小块的泥粘贴到大块的泥上。

掌握上述10种技法难度并不大。但教师也要进行实践训练，才能熟练掌握这些技法。在熟练掌握这些技法的基础上，教师再练习制作具体的泥造型。

3. 综合材料造型技能训练

综合材料很多。不同的综合材料有共性，也有个性。无论哪种综合材料，作为手工材料，都必须具备安全、洁净、无毒、无害的特征。综合材料可分为点状材料、线状材料、面状材料和块状材料。幼儿园教师可分类进行综合材料造型技能训练。

（1）点状材料造型技能训练。在训练点状材料造型技能时，教师需要注意两点：一是要考虑点状材料的大小、形状、色彩等，并练习根据这些因素制作各种造型；二是训练造型方法（如粘贴法、串联法、粘接法等）。

（2）线状材料造型技能训练。在训练线状材料造型技能时，教师需要注意两点：一是考虑线状材料的形态，并练习将各种形态的线状材料组合起来；二是训练造型方法（如粘贴法、编织法、缠绕法等）。

（3）面状材料造型技能训练。在训练面状材料造型技能时，教师需要注意三点：一是充分利用面状材料造型的优势塑造形象；二是利用面状材料自身的纹样、色彩、肌理等塑造形象；三是练习面状材料造型的方法（如粘贴法、缝制法、剪刻法、编织法、切割重构法等）。

（4）块状材料造型技能训练。块状材料作为造型的元素之一，造型方式多样，可以单独造型，也可以组合造型。在训练块状材料造型技能时，教师需要注意两点：一是考虑块状材料的颜色、质地和外形；二是练习块状材料造型的方法（如联想法、组合法、想象创造法等）。

三、幼儿园教师美术鉴赏技能训练

（一）美术鉴赏的概念

鉴赏是在欣赏的基础上产生的一种感受与理解、感情与认识相统一的精神活动。人们从艺术作品的艺术形象中获得美的感受，并自觉地运用自己的知识和经验来加深对艺术形象的理解。美术鉴赏以美术作品为鉴赏对象。美术鉴赏是鉴赏者运用视觉感知、视觉经验和相关知识对美术作品进行归类、分析、判断、体验、联想和评价，从而获得审美感受。

（二）美术鉴赏的意义

美术鉴赏是一种审美活动，其意义主要体现在如下几个方面：

（1）人们进行美术鉴赏，可以开阔视野，扩大知识面。通过欣赏古今中外的优秀美术作品，人们可以了解很多画家所处时代的特征、作品的创作背景等。比如，通过欣赏中国古代的彩陶、绘画、雕塑等优秀作品，人们可以了解中国古代的艺术特征和艺术成就，扩大知识面。

（2）人们进行美术鉴赏，可以提高发现美、欣赏美和创造美的能力。美术作品具有自然美、生活美、理想美等。人们通过鉴赏美术作品，可以充分感受美术作品蕴含的各种美，逐渐养成发现美和欣赏美的良好习惯，进而提升创造美的能力。

（3）人们进行美术鉴赏，可以陶冶情操。人们鉴赏美术作品，可以获得美感享受，陶冶情操，还有利于增强想象力和创造力。

（三）幼儿园教师美术鉴赏技能训练的主要内容

幼儿园教师美术鉴赏技能训练主要包括两个方面：鉴赏方法训练和感性体验训练。

1. 鉴赏方法训练

幼儿园教师掌握一些美术鉴赏方法，才能更好地鉴赏美术作品。美术鉴赏方法很多。下面主要介绍三种常用的美术鉴赏方法的训练。

（1）分析鉴赏法训练。分析鉴赏法即通过对美术作品进行画面分析、形式分析、内容解释、意义评价来欣赏、鉴别美术作品。分析鉴赏法很常用，但不容易掌握。人们往往需要进行较长时间的训练，才能掌握分析鉴赏法。在进行分析鉴赏法训练时，教师可以以世界名画为训练素材，按照以下思路练习鉴赏美术作品：先用语言叙述画面上可以直接看到的内容，如形状、色彩、构图等；然后进行形式分析，分析美术作品的各种形状的相互关系、色调处理、构图原理等；最后深入分析作品的含义，分析艺术家通过作品想表达的思想。

（2）比较鉴赏法训练。比较鉴赏法是指在美术鉴赏过程中运用比较的方法，对不同的作品进行分析、解释、评价等，以达到深入理解作品的目的。比较鉴赏包括横向比较鉴赏和纵向比较鉴赏。幼儿园教师可分类进行比较鉴赏法训练。

横向比较鉴赏法是指在美术鉴赏过程中对与鉴赏对象有可比性的作品进行空间平行性的比较分析。该方法训练要点是横向选择美术作品。横向比较鉴赏法训练思路：第一，选择不同文化背景下的相同题材的美术作品进行比较鉴赏训练；第二，选择不同风格的美术作品进行比较鉴赏训练；第三，选择同时代不同艺术家的美术作品进行比较鉴赏训练。

纵向比较鉴赏法是指在美术鉴赏过程中对与鉴赏对象有关的作品进行时间性纵向比较分析。该方法训练要点是比较分析不同时期美术作品的不同特征，从而更好地理解美术作品的内涵。在进行纵向比较鉴赏法训练时，教师可以从流派、艺术家、美术作品等多个角度对美术作品进行纵向比较鉴赏。

（3）情感鉴赏法训练。情感鉴赏法就是通过对民族文化、时代精神、作者艺术观念的理解，领悟美术作品意境和内涵，把握美术作品的整体形象。对于鉴赏写意美术作品或表现性美术作品来说，情感鉴赏法是首选的鉴赏方法。需要注意的是，教师运用情感鉴赏法，需要有一定的知识基础，即要对美术作品蕴含的时代精神、民族文化或情感有一定的了解。在训练该方法时，教师要先搜集相关资料，在对美术作品有一定的了解后，再从情感的角度对美术作品进行鉴赏。

2.感性体验训练

对美术作品的鉴赏是一种心理活动。在鉴赏美术作品的过程中，人们的各种感觉器官都被充分调动起来，各种心理活动（如直觉、想象、联想、移情等）交织在一起。此时，人们即使没有运用鉴赏方法，也能完成鉴赏活动，这种鉴赏主要基于感性体验。幼儿园教师进行感性体验训练，可从如下两个方面着手。

（1）以直觉为切入点进行感性体验训练。直觉是指人的感官对外界事物进行直接感知，获得的感觉、知觉和表象的总和。在以直觉为切入点进行感性体验训练时，教师应做到跟着感觉走，在看到美术作品时，不要迟疑，也不要运用任何鉴赏方法，要根据自己的直觉做出判断，得出结论。

（2）以联想和想象为切入点进行感性体验训练。在以联想和想象为切入点进行感性体验训练时，教师可以对美术作品展开丰富的联想和想象，并将这种联想和想象产生的感性体验形容出来。需要注意的是，无止境地联想和想象不利于很好地对美术作品进行感性体验。教师在进行感性体验训练时，要控制好联想和想象的度，切忌漫无边际地进行联想和想象。

第三节　幼儿园教师音乐技能训练

一、音乐基本常识

幼儿园教师了解音乐基本常识，有利于更好地开展音乐技能训练。下面对音乐基本常识做简要介绍。

(一)音列、音级和音阶

1.音列

乐音体系中按照上行(从低到高)或下行(从高到低)的次序排列起来的音称为音列。音名只有七个,但音列中的音多于这个数量。人们需要对音列进行分组。人们把音列中处在中央位置的一组音(钢琴、电子琴等键盘乐器中由中央 C 开始,向上的七个音)叫小字一组,把比小字一组高一倍、高两倍、高三倍的音分别叫小字二组、小字三组、小字四组。乐音中有比小字一组低的音,它们的分组由高到低分别为小字组、大字组、大字一组、大字二组。总的来看,音列的分组由低到高的顺序是:大字二组、大字一组、大字组、小字组、小字一组、小字二组、小字三组、小字四组、小字五组。

为了更好地区分音列中的音,人们又给音列的分组分了音区。音区包括高音区、中音区和低音区。

高音区:小字三组、小字四组、小字五组。

中音区:小字组、小字一组、小字二组。

低音区:大字二组、大字一组、大字组。

2.音级

音级是指音列中的各个音,是划分音阶中各音间音程的单位。音级有自然音级和变化音级之分。这两个概念是幼儿园教师应该了解的。除此之外,八度也是幼儿园教师要了解的一个概念。

3.音阶

将调式中的音,从以主音开始到以主音结束,由低到高(上行)或者由高到低(下行)以阶梯状排列起来,就叫音阶。音阶有自然七声音阶、五声音阶、吉卜赛音阶、阿拉伯音阶、半音五声音阶、平均七声音阶、平均五声音阶、全音音阶、半音音阶等多种类别。

(二)五线谱常识

1.线与间

五线谱是指用来记载音符的五条平行横线。五条平行横线之间的空隙被称为间。五线谱的五条线和间都是自下而上计算的,如图4-3所示。在越高位置的线上,音越高;反之,音越低。当然,高多少、低多少仅仅依靠五条线是无法确定的,这就需要谱号的辅助。

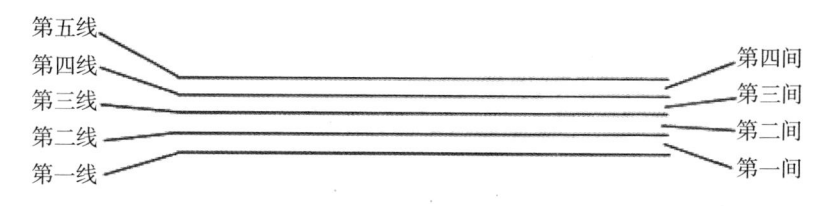

```
第五线 ─────────────────
第四线 ─────────────────  第四间
第三线 ─────────────────  第三间
第二线 ─────────────────  第二间
第一线 ─────────────────  第一间
```

图 4-3　五线谱的线与间

2. 谱号

人们要确定五线谱上音的高低,就要使用谱号。当谱号记在五线谱的某一条线上时,这条线便有了固定的音级名称和高度,同时其他线的音级名称和高度也确定了。常用的谱号有高音谱号和低音谱号两种。

高音谱号又称 G 谱号,表示小字一组的 g1 的位置在五线谱的第二条线上。

低音谱号又称 F 谱号,表示小字组的 f 的位置在五线谱的第四条线上。

(三) 节拍

1. 节拍的定义

节拍又称拍子,是乐曲中表示固定单位时值和强弱规律的组织形式。拍子在音乐中是有规律地循环反复出现的。不同拍子具有不同的强弱规律。比如,每小节中强拍和弱拍的循环称二拍子,强拍、弱拍、弱拍的循环称三拍子。

2. 拍号

拍号是指节拍中单位拍的时值和数量的记号。在音乐作品简谱中,拍号一般以分数的形式表示,分母表示一拍的时值音符,即几分音符为一拍,分子表示每小节内的拍子数,即几拍子。例如,$\frac{4}{4}$ 表示以四分音符为一拍,每小节有四拍,分子是 4,人们叫它四拍子;$\frac{6}{8}$ 表示以八分音符为一拍,每小节有六拍,分子是 6,人们叫它六拍子。

二、幼儿园教师歌唱技能训练

（一）稳定喉头的训练

喉头稳定与否影响歌唱声音质量。幼儿园教师需要进行稳定喉头的训练。

（1）教师在发声之前，将下巴自然下放，使喉结到较低的位置。在这个过程中，下巴下放要轻松、自然，切不可用力，那样做容易使肌肉紧张，出现舌根下压的问题，发出的声音会失真，还会粗糙、不干净。

（2）教师采用闻花香吸气的方法（想象自己处在花丛中，用鼻子轻轻地将花的香气吸入，使香气从鼻子到喉咙，再到肺，最后到小腹），一边吸气一边体会喉头随气息下沉的感觉。教师吸气时，先慢慢深呼吸，然后可逐渐加快吸气的速度。

（3）教师短促、轻轻地咳嗽几下，体会衬衣第二颗纽扣处的胸腔内的发力点发力。教师在歌唱时，应把发声的力集中在这个点上，尤其在唱高音的时候，要解放喉咙，靠这个点的力去发声。

经过稳定喉头的训练，教师要能够做到将喉头稳定在较低的位置，尤其在唱高音的时候，不将喉头提起来，避免喉头附近肌肉紧张，影响声音的质量。

（二）哼鸣练习

教师进行哼鸣练习，有利于感受头腔共鸣，寻找声音高位置。教师在进行哼鸣练习时，要保证笑肌微提，双唇和牙齿似闭非闭，上颚有上提的感觉，下颚有下放的感觉，基音在口腔与鼻腔中同时产生共鸣，甚至连同眉心也有振动的感觉；要使气息支撑均匀，切忌使用喉咙发力。

哼鸣练习是一项适合初学者的练习。哼鸣练习步骤如下：

（1）身体自然挺直，保持既不紧张也不懈怠的状态，目视前方，双脚与肩同宽，稳住重心。

（2）上下齿稍稍分开，嘴唇轻轻合拢，舌头平放。

（3）采用腹式呼吸、胸式呼吸或胸腹式呼吸的方式吸气，找准气息的支点。

（4）用气息带动发声。声带不主动发声。不要出现蹭嗓子的问题。

（5）不要追求音量的大小，感受眉心振动的状态。

(三) 母音练习

教师练习发 u 母音，有利于找到歌唱发音的内部通道。教师在练习发 u 母音时，应把下巴自然下放，打开喉咙，将上下唇靠拢，念 u；不能噘嘴。教师在练习发 u 母音时，如果噘嘴，就容易把喉头带到比较高的位置，影响发声。此外，在练习发 u 母音时，教师还要使发音"松""通""空"。"松"指声音要松弛，喉咙保持放松；"通"指气息贯通，气息从腹腔涌到胸腔，再从胸腔到喉咙，上通下达，气息流畅；"空"指声音流动具有空间感，没有蹭嗓子的情况。

教师练习发 i 母音，有利于获得比较明亮的音色，但切忌为了追求明亮的音色而提高喉头，那样做会导致附近的肌肉紧张。教师练习发 i 母音，还有利于解决声带漏气、声音不集中的问题。

(四) 咬字训练

歌唱的咬字和说话的咬字存在一些区别。人们歌唱时，需要做到字正腔圆，有时需要将一个字唱好几拍，通常要对这个字读音中的主体部分进行延长。字腹是字的主体部分。幼儿园教师要准确判断出字腹，就要对汉语的音节结构有所了解。例如，"啊"这个字的读音只有一个元音"a"，这个元音就是字腹；"大"这个字的读音由一个声母和一个韵母组成，"d"为字头，"a"为字腹；"下"这个字的读音由一个声母、一个韵头和一个韵腹组成，"x"为字头，"i"为韵头，"a"为字腹；"田"这个字的读音由一个声母、一个韵头、一个韵腹和一个韵尾组成，"t"为字头，"i"为韵头，"a"为字腹，"n"为字尾。在了解了汉语的音节结构之后，教师要做咬字训练。在进行咬字训练时，教师先念准字腹，然后逐渐加上字的其他部分。以"落"字为例，对于同一首练声曲，教师先只用字腹进行练习，然后加上韵头，最后加上声母，要保证发音准确。在咬字练习初期，教师咬字速度通常比较慢。熟练掌握咬字方法后，教师遇到具有复杂音节结构的字，就不怕咬不准了。

总之，幼儿园教师在训练歌唱技能时，应进行基本功训练，掌握各种发声技巧，为演唱歌曲打好基础。需注意的是，在歌唱技能训练初期，教师不要盲目练习高音，一定要从自然声区开始练习歌唱，逐渐找到歌唱的最佳状态，掌握歌唱方法。此外，歌唱练习要适度。教师要合理安排时间练习歌唱，不要过度用嗓，不可急躁，要循序渐进地练习歌唱。

三、幼儿园教师钢琴弹奏技能训练

（一）几种基本弹奏方法的训练

钢琴弹奏的基本方法有很多。下面主要对非连音奏法训练、双音弹奏训练、连音奏法训练做简要介绍。

1. 非连音奏法训练

非连音奏法是指在弹奏钢琴时，使用独立的、完整的动作完成每个音符的弹奏。在钢琴弹奏中，教师不仅要重视手的重量的运用，还要重视手指的灵活性以及弹奏动作的独立性。教师进行非连音奏法训练，有利于掌握前述弹奏要点。在进行非连音奏法训练时，教师先将手臂轻轻抬起，使手臂略高于键盘，使手指自然弯曲，然后使手臂轻轻落下，使手指触碰到琴键，注意指关节不要塌陷。触键的手指不要用过大的力，不触键的手指稍稍抬高，不要触碰到琴键。当声音发出后，手指放在琴键上，不要用力，然后手腕带动手臂和手指提起。这样，教师便完成了一次非连音弹奏。

2. 双音弹奏训练

双音弹奏是指将不同高度的两个音同时弹出来。要弹出双音，教师就要使两个手指同时触键，且使触键力度一致，从而使弹出来的声音整齐、明亮。在进行双音弹奏训练时，教师要注意使手指放松，并控制好两个音的音量，逐渐做到两个手指同时触键，且触键力度一致。

3. 连音奏法训练

连音奏法的基本要求是连起来的几个音非常连贯。这就要求弹奏者的手指具有较强的独立性和力量，弹奏者在弹奏的过程中要协调手和腕。在训练连音奏法时，教师首先应按照非连音奏法的要求将第一个音弹出来，随即保持手腕放松，使手指停住，然后弹出下一个音，这样依次弹奏，直到练习完一组连音。连音奏法训练要循序渐进。教师可以先从两个音的连接开始练习，体会音与音连接的感觉，感受声音的连贯性，之后练习连接三个音、四个音以及更多的音。

(二) 几种基本弹奏技能的训练

1. 五指训练

五指训练的方式有很多，以连奏为主要方式，也可以辅以断奏。在进行五指训练时，教师要注意不要移动手臂和手腕。弹奏第一个音时，教师要使手臂、手腕保持自然放松，使手的重量落到指尖，按下琴键，同时使弹奏第二个音的手指做好准备，然后用弹奏第二个音的手指独立按下琴键，在弹奏出第二个音的同时，使弹奏第一个音的手指及时离开琴键。其他手指依据前述方法弹奏。在五指训练初期，教师可慢速弹奏，当手指的灵活性和独立性有所增强后，再逐渐加快弹奏速度。

2. 音阶训练

音阶弹奏是以大拇指的转弯作为主要的技术动作来完成的。在进行音阶训练时，教师应注意训练大拇指的独立性，切忌使大拇指"躺"在琴键上。在大拇指即将转弯时，教师需要提前做好使大拇指转弯的准备，在大拇指转弯完成后，使手型迅速还原。教师要使音节弹奏动作流畅、连贯，同时避免大拇指弹出重音。

3. 和弦训练

和弦是指一组具有一定音程关系的声音，是由三个或三个以上的声调按照三度或非三度的叠加关系垂直组合而成的。在弹奏和弦时，为了使各个音都协调地组合在一起，教师要使每个手指用力一致，这是和弦训练的关键。此外，在弹奏和弦时，教师要使整个手臂上松下紧，使按键的力量传到指尖，从而弹奏出充实、饱满的和弦。

4. 琶音训练

琶音指一串和弦音从低到高或从高到低依次连续奏出，可被视为分解和弦的一种。在进行琶音训练时，教师要使手指准确地打开，使手指可以平稳地移动，同时使手腕放松，尽量避免肘部出现上下翻动的问题。

(三) 钢琴弹奏技能训练曲的选择

在钢琴弹奏技能训练的不同阶段，教师应选用不同的钢琴曲。

1. 初级阶段

在钢琴弹奏技能训练的初级阶段，教师主要学习用手臂重量弹琴，用手指支撑手臂重量，进行基本的五音位置手型训练，初步学习音阶、琶音与分解和弦的奏法，主要弹奏小型乐曲，练习一些基本功。

2. 提高阶段

教师练习完钢琴弹奏技能训练初级阶段的乐曲后，接下来就可以练习弹奏《车尔尼钢琴初步教程：作品599》《车尔尼钢琴简易练习曲：作品139》《车尔尼钢琴流畅练习曲作品849》《巴赫初级钢琴曲集》《巴赫前奏曲与赋格曲集》《布格缪勒钢琴进阶练习25首》，也可练习弹奏《小奏鸣曲集》中的作品，还可练习弹奏《约翰·汤普森现代钢琴教程2》中的作品。教师练习弹奏巴赫的复调作品，有利于锻炼弹奏复调的能力。教师练习弹奏小奏鸣曲以及其他各种中外乐曲，有利于增强音乐表现力。

四、幼儿园教师音乐欣赏技能训练

音乐欣赏是以具体音乐作品为欣赏对象，通过聆听的方式及其他辅助手段（如阅读、分析乐谱和有关背景资料等）来领悟音乐的真谛，从而得到精神愉悦的一种审美活动。音乐欣赏技能训练主要包括音乐欣赏方法训练和音乐感性体验训练。

（一）音乐欣赏方法训练

幼儿园教师掌握一些音乐欣赏方法，才能更好地欣赏音乐作品。音乐欣赏方法很多。下面主要介绍两种常用的音乐欣赏方法。

1. 作品分析法

教师对音乐作品进行详细的分析，可以深入了解音乐作品，进而对音乐作品进行鉴赏。教师分析音乐作品，可以从三个方面着手：第一，分析音乐作品的时代背景。音乐作品表现了作者对现实生活的感受。教师了解音乐作品的时代背景，有利于深刻体会和理解音乐作品表达的思想感情。第二，分析音乐作品的音乐语言。音乐作为一种独特的艺术形式，有独特的艺术表达语言，如旋律、节奏、拍子、速度、力度、音区、音色、和声、调式、调性等。一部音乐作品的思想内容和艺术美都要通过音乐语言来表现。教师分析音乐作品的音乐语言，对正确、深入地欣赏音乐作品大有裨益。第三，分析音乐作品的曲式和体裁。曲式是音乐材料的排列样式，也是乐曲的结构布局。曲式有单乐段、二段式、三段式、复三段式、变奏曲式和奏鸣曲式等。体裁是音乐作品的表现形式，用以表现不同的音乐题材和内容，如序曲、协奏曲、交响曲、组曲、夜曲、幻想曲、狂想曲等。教师分析音乐作品的曲式、体裁等，有利于更好地欣赏音乐。

2. 比较分析法

比较分析法是指在对不同音乐作品的比较中鉴赏音乐作品。不同的民族、不同的时代具有不同的音乐风格。同一位音乐家在不同的年龄段或在不同的情感状态下创作出的作品也可能存在差异。教师对不同的音乐作品进行比较分析，有利于更好地了解不同音乐作品的特征。在进行比较分析法训练时，教师可以选择古今中外的一些音乐作品，进行比较分析，深入了解不同音乐作品的旋律、节奏、曲式、情感等的差异。需要注意的是，教师在练习比较分析法时，不要仅停留在比较的层面，而应根据自己的审美经验对不同的音乐作品进行适当的审美评价，这有助于提高音乐欣赏水平。

（二）音乐感性体验训练

音乐是一门声音的艺术。了解音乐艺术的直接途径是聆听。教师只有聆听音乐，才能提高音乐听觉能力，产生感性体验。音乐感性体验训练的要点就是多听。多听并不是盲目地听各种音乐作品，而是要反复听同一首音乐作品，尤其要反复听一些大型的音乐作品。教师多次聆听同一首音乐作品，有利于对音乐作品产生感性体验，更好地欣赏音乐作品。

第四节 幼儿园教师戏剧编导技能训练

一、幼儿戏剧概述

充分了解幼儿戏剧是幼儿园教师进行戏剧编导技能训练的前提。下面对幼儿戏剧进行简要介绍。

（一）幼儿戏剧的概念

戏剧是一种通过演员扮演角色、表演故事情节来反映社会生活、刻画人物形象的舞台艺术。它是以角色表演为中心，融合文学、音乐、舞蹈、美术等多种艺术成分,作用于观众视听感官,供观众欣赏的一种综合艺术。[①] 幼儿戏剧是戏剧的一个分支,主要指以幼儿为观看对象(或幼儿直接参与),以人物对话为主,辅以动作、表情、音乐等,适于幼儿理解和欣赏的一种艺术形式。

(二)幼儿戏剧的分类

幼儿戏剧种类较多。依据不同的分类标准,可将幼儿戏剧分成不同的种类(表4-2)。

表4-2 幼儿戏剧的分类

分类标准	类别
演出条件	舞台剧、街头剧、广播剧、课本剧、学校剧
题材内容	现代剧、历史剧、童话剧、神话剧、民间故事剧
艺术表现形式	幼儿话剧、幼儿戏曲、幼儿歌舞剧、幼儿皮影剧、幼儿木偶剧、幼儿诗剧、幼儿哑剧

(三)幼儿戏剧的特点

1. 主题浅显

幼儿戏剧不同于成人戏剧,其主题通常比较浅显。而且幼儿戏剧没有错综复杂的人物关系,没有复杂的社会背景。这有利于幼儿比较直观地理解戏剧的主题。比如,讲究卫生、礼貌待人、热爱自然、保护环境等比较浅显的主题在幼儿戏剧中是比较常见的。

2. 语言简单、形象、个性鲜明

戏剧语言包括叙事语言和角色语言两部分。叙事语言起交代事件、阐明人物心理活动的作用。角色语言起表达主题思想、推动剧情发展、刻画人物形象的作用。戏剧通常以角色语言为主,以叙事语言为辅。幼儿戏剧的叙事语言和角色语言都具有简单、形象、个性鲜明的特点。

(1)语言简单。幼儿戏剧是幼儿观看或幼儿参与的戏剧,如果语言过于复杂,幼儿理解起来就会比较困难。幼儿园教师在设计幼儿戏剧语言时,要使戏剧语言浅显易懂。

[①] 李晓红. 幼儿文学 [M]. 北京:北京理工大学出版社,2012: 251.

例如，在《小蝌蚪找妈妈》这一幼儿戏剧中，每一个戏剧角色的台词都非常简单，浅显易懂。

  鸭妈妈：嘎嘎嘎，嘎嘎嘎，我的孩子真听话。
  小鸭甲：妈妈妈妈咱去哪儿？
  鸭妈妈：池塘里边去玩耍。

  鹅妈妈：小蝌蚪，别着急，听我慢慢告诉你，你的妈妈四条腿，快到前边找找去。

  乌龟妈妈：大乌龟我慢慢游。
  小乌龟：小小乌龟在后头，不着急，不发愁，跟着妈妈乐悠悠。

（2）语言形象。形象的戏剧语言具有较强的感染力，不仅能够吸引幼儿观看，还有助于促进幼儿语言能力的提高。教师在设计戏剧语言时，要使戏剧语言生动形象。

例如，笔者根据揠苗助长的故事改编了一部儿童戏剧，部分台词如下：

  揠苗助长前
  禾苗一：我睡醒了。我要晒晒太阳。
  禾苗二：我要长得又高又壮。我需要喝水。我需要吃饭。
  禾苗三：我身上怎么那么痒？哎呀，原来有虫子在咬我。
  …………

  揠苗助长后
  禾苗一：我好渴呀。我好想喝水，但为什么喝不到水？
  禾苗二：今天太阳格外热，晒得我要失去生机了！
  禾苗三：我的根几乎要离开土壤了，风吹得我晃晃荡荡，我感觉我要被吹走了！

上述戏剧语言生动形象，同时通过揠苗助长前后对比，将禾苗被拔起后失去生机的情况生动地表现出来。

（3）语言个性鲜明。个性鲜明的戏剧语言能够让幼儿深入地了解戏剧角色。教师在设计戏剧语言时，应对戏剧角色的特点做深入的剖析，体会戏剧角色的内心情感，揣摩戏剧角色说话的方式与特点。

例如，在幼儿戏剧《小熊请客》中，作者设计了一段狐狸出场时的数板，这段数板具有强烈的个性色彩。

> 我的名字叫狐狸，
> 一肚子的坏主意，
> 人人见我都讨厌，
> 说我好吃懒做没出息。
> （狐狸抬头看了看太阳）
> 太阳升得高又高，
> 肚子里还没吃东西！
> （独白）唉！真倒霉！到现在连一点儿吃的还没弄到手。饿得我两条腿一点儿劲儿都没有了。我还是先在大树背后躺着歇一会儿吧！
> （狐狸靠着大树懒懒地眯上了眼睛）

这段数板和狐狸的独白具有个性鲜明的特点，将狐狸这一角色奸懒馋滑的特征表现得淋漓尽致。这种个性鲜明的戏剧语言有利于幼儿很好地理解狐狸这一角色的性格特征。

二、幼儿园教师戏剧编导技能训练的内容

幼儿园教师戏剧编导技能训练主要包括戏剧表演指导技能训练、剧本分析技能训练、戏剧舞蹈编排技能训练以及戏剧服饰和道具制作技能训练。

（一）戏剧表演指导技能训练

幼儿戏剧表演不是个体表演，而是集体表演；不是语言表演，而是以语言表演为主、集多种艺术表演形式于一体的表演。在进行幼儿戏剧表演指导时，教师要做好舞台设计、服装造型、灯光调控、音舞编导、道具制作等。为了调动幼儿参与戏剧表演活动的积极性，发掘幼儿的潜能，教师还要抓住时机，鼓励幼儿一起参与戏剧编导，让幼儿创造性地完成一系列活动。为了更好地进行戏剧表演指导，教师应进行戏剧表演指导技能训练。

幼儿园教师的戏剧表演指导技能训练主要包括表演内容选择训练、语言能力培养技能训练和动作指导训练。

1. 表演内容选择训练

选择幼儿戏剧表演内容是教师指导幼儿进行戏剧表演的第一步。教师要选择适合幼儿欣赏和表演的戏剧作品。适合幼儿欣赏、表演的戏剧作品有利于发掘幼儿的潜能，使幼儿的语言、心理得到发展。适合幼儿表演的戏剧作品有经典的原创幼儿戏剧，还有儿歌、儿童诗、幼儿故事、幼儿散文、幼儿相声等改编的幼儿戏剧。这些戏剧作品的语言通俗易懂、生动形象，读起来朗朗上口。这些戏剧作品篇幅短小，趣味性强。

2. 语言能力培养技能训练

教师在指导幼儿表演戏剧时，要注意培养幼儿的语言能力。教师应帮助幼儿理解戏剧的语言内涵。教师需要对语言能力培养技能进行训练，从而更好地让幼儿理解戏剧语言和戏剧表达的思想感情，使幼儿更好地表演戏剧，并逐渐提高幼儿的语言能力。

3. 动作指导训练

动作是戏剧表演的肢体语言。在戏剧表演中，角色的语言表达和动作完美配合，能准确地表现剧情和角色的性格特点。幼儿园教师需要掌握准确设计戏剧动作、示范做戏剧动作和指导幼儿做戏剧动作的技能，需要进行这方面的技能训练。

（二）剧本分析技能训练

幼儿戏剧的剧本语言简单易懂，矛盾冲突单一，情节有趣。幼儿戏剧的情节发展主要靠角色的对白来推动。角色对白的表达特点取决于表演者对角色的理解。表演者在表演戏剧之前一定要熟悉剧本，了解剧情，明确角色的性格特点、身份等，从而确定如何塑造角色。教师应帮助幼儿分析剧本，了解剧情，了解角色的性格特点。教师要具有分析剧本、理解剧本主题思想、创造性地理解剧本的能力，并善于全方位分析角色特点及角色间的关系，准确理解角色的形象，能够利用专业的幼儿戏剧指导手段来让幼儿在快乐、轻松的氛围中做好剧本分析，为戏剧表演做好准备。教师有必要进行剧本分析技能训练。

1. 多读剧本

虽然幼儿戏剧语言简单，但是教师也应多读、多分析剧本，从而加深对剧本的理解，更好地指导幼儿分析剧本、表演戏剧，获得更好的幼儿戏剧表演效果。教师在训练剧本分析技能时，应耐心地研究剧本，从而引导幼儿深刻理解剧本。

2. 用人格化的思维方式去深入分析角色特点，准确定位角色

在训练剧本分析技能时，教师应练习用人格化的思维方式分析角色，在头脑中描绘角色的形象。教师应综合分析角色的年龄、性格特点、身份、习惯等，并将角色与戏剧情节结合在一起进行分析，再定位角色。这样，《小熊拔牙》中的"小熊"便不再是动物园里的小熊了，而是幼儿身边的小伙伴，是一只胖乎乎、非常可爱、又馋又不爱刷牙的小熊。教师引导幼儿用人格化的思维方式分析戏剧角色，有利于幼儿更加形象地进行角色表演。

（三）戏剧舞蹈编排技能训练

教师在幼儿戏剧中适当加入舞蹈，有利于调动幼儿表演积极性，优化舞台表演效果。教师需要对戏剧舞蹈编排技能进行训练，以掌握相关技能。

在训练戏剧舞蹈编排技能时，教师应注意以下几点。

1. 要明确戏剧舞蹈编排的目的

在幼儿戏剧中插入舞蹈的目的有很多，如烘托气氛、升华情感、说明问题、强调主题、表现细节等。在训练戏剧舞蹈编排技能时，教师要明确编排舞蹈的目的。例如，要表现幼儿戏剧《半夜鸡叫》中周扒皮夫妇的贪婪，如果单纯进行语言表达，会有说教痕迹，并略显单调，缺少艺术感染力。在让幼儿表演《半夜鸡叫》之前，教师可以编排一段舞蹈，以便让幼儿借助舞蹈将周扒皮夫妇奸诈狡猾的形象生动地展现出来。

2. 戏剧舞蹈编排要符合戏剧情节需要

在戏剧中欢乐的时刻，适合表演欢快的舞蹈；在戏剧中悲伤的时刻，适合表演表达悲伤情绪的舞蹈。例如，在《猴吃西瓜》这一幼儿戏剧中，幼儿可表演一群猴子看到大大的西瓜后好奇围观的舞蹈。教师可将这段舞蹈编排得夸张、滑稽，使舞蹈动作具有猴子的特点，同时通过表情和动作的配合，表现猴子不知所措的样子。在训练戏剧舞蹈编排技能时，教师可搜集一些戏剧，然后根据戏剧情节的需要，编排一些舞蹈，并邀请其他教师观赏舞蹈，给出意见。

3. 戏剧舞蹈的动作难度应适中

幼儿戏剧表演的参与对象和欣赏对象主要是幼儿。教师在训练戏剧舞蹈

编排技能时，应使戏剧中的舞蹈符合幼儿的接受能力，使舞蹈情节简单易懂，使舞蹈动作夸张、可爱、生动形象，使舞蹈具有趣味性，便于幼儿表演。

（四）戏剧服饰和道具制作技能训练

服饰、道具作为戏剧表演中的重要元素，在幼儿戏剧表演中发挥着重要的作用。通常，幼儿戏剧表演的服饰、道具可以由教师和幼儿制作。这不仅有助于锻炼幼儿的动手能力，还有助于加深幼儿对戏剧的理解。幼儿园教师应进行戏剧服饰和道具制作技能训练。

在训练戏剧服饰和道具制作技能时，教师应注意以下两点。

1. 戏剧服饰、道具应符合角色特征

对于幼儿戏剧表演来说，脸谱化并非缺点。戏剧表演脸谱化有助于幼儿直观地理解角色的特征。服饰、道具就是实现戏剧表演脸谱化的要素。简单来说，戏剧角色应穿与其身份、年龄、性格特点等相匹配的衣服，用其该用的道具。在训练戏剧服饰和道具制作技能时，教师应分析戏剧中不同角色的特征，然后制作与之相匹配的服饰、道具。

2. 戏剧服饰、道具和戏剧情节相匹配

戏剧服饰、道具是表现戏剧情节的要素。教师在训练戏剧服饰和道具制作技能时，要充分考虑戏剧情节的需要。例如，在幼儿戏剧《寒号鸟》中，寒号鸟是核心角色，寒号鸟的个性会随着戏剧情节发展发生变化，这一变化可以体现在服装上。起初，寒号鸟懒惰。教师可以将此时寒号鸟身上的颜色设计成灰暗的。后来，寒号鸟因为懒惰变得穷困潦倒。教师可以将此时的寒号鸟设计成光秃秃的，展现其奄奄一息的状态。再后来，百鸟见寒号鸟可怜，各自摘下一根羽毛，帮助寒号鸟起死回生，寒号鸟又变美丽了。教师可将此时寒号鸟的服饰设计得色彩艳丽，使此时寒号鸟的服饰与之前形成鲜明的对比。最后，寒号鸟因为骄傲、不悔改，再次变得穷困潦倒。教师可将此时寒号鸟的服饰设计成灰暗的，暗示寒号鸟不知悔改的个性特征。寒号鸟的服饰随着戏剧情节的发展而变化。这样，虽然服饰制作的难度较大，但服饰可以辅助戏剧情节发展，给幼儿带来视觉冲击和心灵冲击，使幼儿更深刻地理解戏剧情节，并给幼儿留下深刻的印象。

第五章 幼儿园教师游戏活动组织技能训练

第一节 幼儿园游戏活动概述

一、幼儿游戏的概念

从教育学的角度看,《中国大百科全书·教育》将幼儿游戏定义为"儿童运用一定的知识和语言,借助各种物品,通过身体运动和心智活动,反映并探索周围世界的一种活动"。

从心理学的角度看,《中国大百科全书·心理学》指出:"儿童在游戏中反映周围的现实生活,并通过游戏体验着周围人们的劳动、生活和道德面貌,同时理解和体验着人们之间的相互关系。游戏是实现儿童和周围现实相联系的特殊形式、特殊活动。"

从文化学的角度看,胡伊青加认为,幼儿游戏"是一种自愿的活动或消遣,这种活动或消遣是在某一固定的时空范围内进行的,其规则是游戏者自由接受的,但又有绝对的约束力。它以自身为目的,又伴有一种紧张、愉快的情感以及对它'不同于'日常生活的意识"[①]。

笔者认为,幼儿游戏是指幼儿通过模仿和想象,有目的、有意识地创造性地反映现实生活的活动,是人的社会活动的初级形式。

二、幼儿园游戏活动的特征

幼儿园游戏活动不仅是一种娱乐活动,还是一种认知活动,对幼儿的成长和发展具有促进作用。作为幼儿园教育教学中必不可少的一种活动,幼儿园游戏活动具有主体性、创造性、趣味性、有序性和虚拟性特征。

(一)主体性

幼儿园游戏活动的主体性是指幼儿园游戏活动以幼儿为主体。教师应重视幼儿的主体性。尤其在游戏活动中,幼儿有较强的积极性和主动性。教师组织游戏活动时,应调动幼儿的积极性,引导幼儿充分发挥主体性作用。教师如

[①] 胡伊青加. 人:游戏者:对文化中游戏因素的研究[M]. 成穷,译. 贵阳:贵州人民出版社,1998:29.

果忽视了幼儿的主体性，一味地以自己为中心，过多地指导幼儿该怎样进行游戏，就容易打消幼儿参与游戏活动的积极性，不利于幼儿发展。教师在组织幼儿园游戏活动时，应让幼儿认识到"我要玩"，而非让幼儿体会到"要我玩"，从而通过游戏使幼儿获得发展。

（二）创造性

游戏是一种创造性的活动。幼儿在游戏活动中可以锻炼创造能力。幼儿园游戏活动的创造性主要体现为在游戏规则下，幼儿可以自由发挥、自由创造。例如，在搭积木的游戏活动中，幼儿既可以按照设计好的造型搭积木，也可以发挥自己的想象力，创造性地搭建新的造型。幼儿搭建出的新造型也许并不美观，但搭建新造型能锻炼幼儿的创造能力。

（三）趣味性

游戏活动具有趣味性，能给幼儿带来欢乐，这是游戏活动的一个基本特征。幼儿在不同的游戏活动中可以体验到不同的乐趣。人是趋向快乐的，做游戏的快乐体验能够促使幼儿持续参与游戏活动，这也是幼儿在游戏活动中可以乐此不疲甚至忘我的一个重要原因。

（四）有序性

幼儿园游戏活动的有序性主要体现为教师对游戏活动的约束。教师在组织幼儿开展游戏活动时，需要为幼儿讲清游戏规则，并引导幼儿遵守游戏规则，有序开展游戏活动。

（五）虚拟性

很多幼儿园游戏活动都是在假想的情境中展开的，游戏的角色、道具等往往都是象征性的，所以幼儿园游戏活动也具有虚拟性的特征。例如，在游戏活动中，幼儿扮演童话故事中的王子，将竹竿当作白马，骑在竹竿上就相当于王子在骑马。这种虚拟性使幼儿可以体验到在日常生活中体验不到的角色，不仅能够使幼儿获得快乐的体验，还有助于丰富幼儿的想象。

三、幼儿园游戏活动的分类

幼儿园游戏活动的种类很多。依据不同的标准，可以将幼儿园游戏活动分成不同的类别，如图5-1所示。

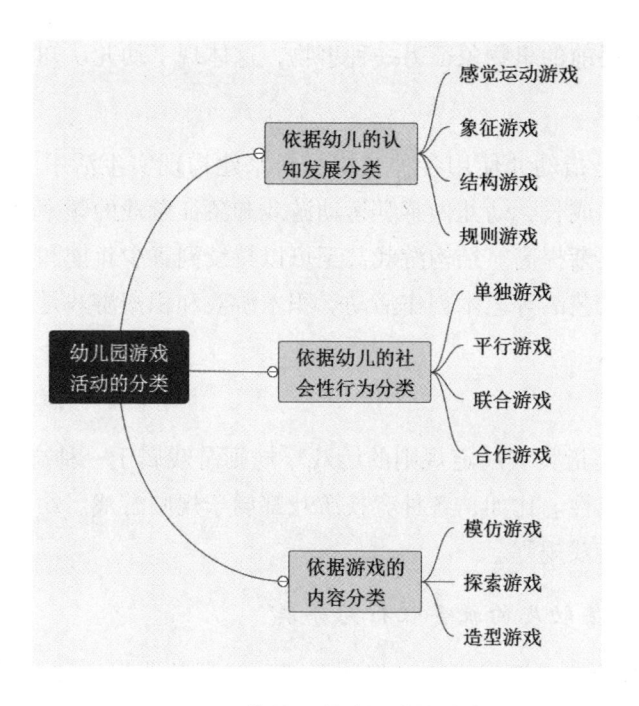

图 5-1 幼儿园游戏活动的分类

（一）依据幼儿的认知发展分类

根据幼儿的认知发展特点，可将幼儿园游戏活动分为四种类型：感觉运动游戏、象征游戏、结构游戏和规则游戏。

1. 感觉运动游戏

幼儿最初将自己的身体作为游戏的中心，比如，玩弄自己的手指。在反复玩弄自己手指的过程中，幼儿获得了快乐的体验，这种快乐的体验被称为"机能性的快乐"。幼儿参与感觉运动游戏，也能获得机能性的快乐。所以，感觉运动游戏也被称为机能性游戏。随着幼儿的成长，幼儿做的感觉运动游戏变得复杂。比如，"你拍一，我拍一"的儿歌游戏，不仅动作较复杂，也融入了儿歌。

2. 象征游戏

象征是指用具体的事物表现某种特殊的意义。一般大于两岁的幼儿便具有了理解和运用象征的能力，可以运用一些符号（如手势、具体的事物）来表现特定意义。比如，幼儿用手象征飞机，并模拟飞机飞行的样子。在象征游戏中，幼儿用眼前的事物象征另一种事物，这体现了幼儿认知能力的发展。

3. 结构游戏

结构游戏是指幼儿使用各种结构材料来建构现实生活中的物体的游戏活动。随着幼儿的成长，幼儿做感觉运动游戏和象征游戏的频率逐渐降低，做结构游戏的频率逐渐提高。结构游戏甚至可以持续到青少年期和成年期，并逐渐演化为制作手工艺品等艺术创作活动。积木游戏和积塑游戏是幼儿喜爱的常见的两种结构游戏。

4. 规则游戏

规则游戏是指具有一定规则的游戏。规则游戏属于一种高级形式的游戏，有一定的社会属性。比如，各种竞技游戏都属于规则游戏。幼儿在规则游戏活动中必须遵守游戏规则。

（二）依据幼儿的社会性行为分类

根据幼儿的社会性行为，可将幼儿园游戏活动分为四种类型：单独游戏、平行游戏、联合游戏和合作游戏。

1. 单独游戏

单独游戏是指幼儿独自开展的游戏，并且幼儿开展的游戏与周边幼儿开展的游戏不同。单独游戏可以是象征游戏，也可以是结构游戏，还可以是其他单独游戏。比如，幼儿自己搭积木便属于单独游戏。

2. 平行游戏

平行游戏也是幼儿独自开展的游戏。幼儿玩的平行游戏和周围幼儿玩的游戏相似，但各个幼儿不聚集到一起玩。

3. 联合游戏

联合游戏是指多个幼儿在集体环境中做的某种游戏，但幼儿并不合作完成游戏，每个幼儿单独完成游戏。在联合游戏中，幼儿以自己为中心，虽然相互之间会产生交集，如针对游戏进行交流、借或还玩具等，但没有共同的目标，每个幼儿根据自己的兴趣独立做游戏。

4. 合作游戏

合作游戏是指多个幼儿在集体环境中共同开展的某种游戏活动。在合作游戏中，幼儿有共同的目标，并通过分工和合作，共同完成游戏，这是合作游戏与联合游戏的不同之处。在合作游戏中，通常会有一个或两个游戏的领导者，这有利于幼儿更好地完成游戏。教师组织幼儿开展合作游戏活动，可以培养幼儿的分工意识、合作意识及规则意识。

（三）依据游戏的内容分类

根据幼儿园游戏活动的内容，可将幼儿园游戏活动分为三种类型：模仿游戏、探索游戏和造型游戏。

1. 模仿游戏

模仿游戏是指幼儿利用代替物（自己的动作、语言、身体或物品）再现不在眼前的事物或情景（包括幼儿自己过去亲身经历的或没有经历过但期望发生的情景）的活动。[1] 幼儿具有模仿能力，而且喜欢模仿。教师可以组织一些模仿游戏活动。例如，手影游戏便是一种模仿游戏，简单、有趣。教师可以带领幼儿先做简单的手影游戏，然后做比较精细的手影游戏。

2. 探索游戏

探索游戏是指幼儿对某个事物进行探索的游戏活动。幼儿具有探索的兴趣。教师引导幼儿做探索游戏，有利于培养幼儿的观察能力和分析能力。例如，迷宫游戏便属于一种探索游戏。教师在组织幼儿做迷宫游戏时，可以将班级内的幼儿分成两组。教师带领其中一组幼儿利用身边的事物摆出迷宫，另一组幼儿探索如何走出迷宫。

3. 造型游戏

造型游戏是指幼儿利用各种事物做出各种造型的游戏活动。虽然幼儿的空间思维能力较弱，但幼儿已经具备了一定的造型能力。教师可以引导幼儿做造型游戏，培养幼儿的想象力和空间思维能力。例如，搭积木便是一种常见的造型游戏。幼儿可以通过想象，利用积木搭建出各种造型。

第二节　幼儿园游戏活动对幼儿发展的作用

幼儿园游戏活动作为幼儿园教育活动的重要组成部分，在促进幼儿发展

---

[1] 刘焱. 儿童游戏通论[M]. 福州：福建人民出版社，2015: 113.

上发挥着非常重要的作用（图 5-2）。

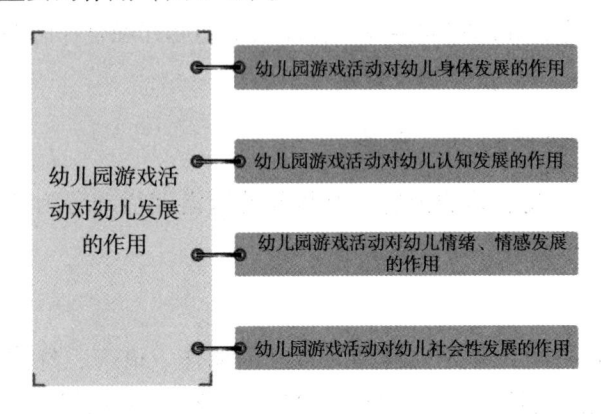

图 5-2 幼儿园游戏活动对幼儿发展的作用

一、幼儿园游戏活动对幼儿身体发展的作用

幼儿园游戏活动对幼儿身体发展的作用主要体现在两个方面：促进幼儿身体发育，促进幼儿动作发展。

（一）幼儿园游戏活动有利于促进幼儿身体发育

幼儿期是身体发育迅速的时期。科学、合理的游戏活动有利于促进幼儿身体正常发育。游戏活动有利于增强幼儿体能，提高幼儿身体机能。在做游戏时，幼儿的身体处于积极活动状态，幼儿身体各个器官都在活动。这有利于促进幼儿的新陈代谢、骨骼和肌肉的生长发育、神经系统的发育。例如，手推车游戏能够锻炼幼儿的手臂力量，老鹰抓小鸡游戏能够锻炼幼儿的腿部肌肉力量。为了充分发挥游戏活动对幼儿身体发育的促进作用，幼儿园教师在设计游戏活动时，应注意以下两点：一是要根据幼儿的年龄特点，设计符合幼儿身体发育需要的游戏活动；二是遵循循序渐进的原则，不可急功近利。

（二）幼儿园游戏活动有利于促进幼儿动作发展

幼儿动作发展大致经历四个阶段：原始动作阶段（0～1 岁）、初步动作阶段（1～2 岁）、基础动作阶段（2～7 岁）和专门化动作阶段（7 岁以后）。幼儿园阶段的幼儿主要处在基础动作阶段。下面主要分析幼儿学习基础动作的过程，以及幼儿园游戏活动对幼儿基础动作发展的促进作用。

1. 幼儿学习基础动作的过程

在游戏活动中,幼儿学习基础动作的过程包括四个阶段:定向阶段、模仿阶段、整合阶段和熟练阶段。幼儿园教师应了解幼儿学习基础动作的四个阶段,从而在游戏活动中更好地引导幼儿学习基础动作,促进幼儿基础动作的发展。

第一阶段:定向阶段。该阶段是幼儿对动作形成初步认识的阶段。教师要为幼儿示范、讲解动作。例如,在体育游戏活动中,教师需要先为幼儿示范、讲解某些动作。幼儿初步了解这些动作后,便进入模仿阶段。

第二阶段:模仿阶段。在该阶段,幼儿模仿教师的动作。通过模仿教师的动作,幼儿可以对头脑中的动作表象进行检验、充实,同时获得初步的动作体验。在模仿阶段,幼儿常常会出现动作准确性和稳定性较差的情况。随着幼儿模仿次数的增多,这种情况会得到改善。

第三阶段:整合阶段。在该阶段,幼儿将多个动作整合起来,使多个动作一体化。通过对动作的整合,幼儿的动作体验增多,幼儿对动作的控制能力逐步增强,幼儿的动作结构逐步趋于合理。

第四阶段:熟练阶段。在该阶段,幼儿动作具有了较强的准确性、稳定性和灵活性,各动作间的干扰基本消失,动作衔接流畅、连贯,动作协调性强。此时,即使环境发生变化,幼儿也可以灵活地做出各种动作。

2. 幼儿园游戏活动对幼儿基础动作发展的促进作用

(1) 幼儿园游戏活动为幼儿提供学习基础动作的机会。例如,在折纸、拼图、搭积木等游戏活动中,幼儿可以学习手部的操作动作;在跳绳、攀登等体育游戏活动中,幼儿可以学习手部和脚部的操作动作,并锻炼协调手脚动作。

(2) 幼儿园游戏活动具有趣味性,有利于幼儿持续做游戏,持续练习基础动作。幼儿从开始模仿动作到熟练掌握动作,需要持续学习动作一段时间。幼儿园游戏活动具有趣味性,有利于激发幼儿做游戏的兴趣,有利于幼儿持续地在游戏中练习基础动作,在快乐的体验中掌握基础动作。

(3) 幼儿园游戏活动具有虚拟性和有序性,能够为幼儿学习基础动作提供丰富的情境和良好的环境。首先,幼儿园游戏活动具有虚拟性,教师在组织游戏活动时,可以创设不同的情境,让幼儿在不同的情境中学习不同的基础动作。其次,幼儿园游戏活动也具有有序性,能够为幼儿学习基础动作提供有规则、有秩序的良好环境。在幼儿园游戏活动中，幼儿学习基础动作的效率较高。

二、幼儿园游戏活动对幼儿认知发展的作用

幼儿园游戏活动对幼儿认知发展的促进作用主要体现在有利于促进幼儿语言发展和促进幼儿创造力发展两个方面。

（一）幼儿园游戏活动有利于促进幼儿语言发展

无论教师引导幼儿参与游戏活动，还是幼儿针对游戏活动进行沟通，都需要使用语言。幼儿园游戏活动有利于锻炼幼儿的语言表达能力，促进幼儿语言发展。此外，幼儿园游戏活动也为幼儿语言发展提供了良好的环境。幼儿在幼儿园游戏活动中没有学习语言的心理压力，身心处于放松状态，可以围绕游戏活动进行交流。只要幼儿用语是文明、礼貌的，教师就无须制止幼儿进行语言表达。

语言类的游戏活动对幼儿语言发展的促进作用更明显。教师可以适当组织一些语言类的游戏活动。例如，在"小鹦鹉学说话"这一语言类游戏活动中，教师可以先拿出一个鹦鹉玩具，然后告诉幼儿："这只鹦鹉非常喜欢学人说话，但是它现在只能说一两个字的词。你们要围绕这个词说出更多的内容，让鹦鹉知道如何说出更多的内容，然后让鹦鹉跟你们学说更多的话。当鹦鹉说'蛋糕'时，你们就要围绕蛋糕这个词说更多的内容，如'香喷喷的大蛋糕'。"按照这种模式，教师可以引导幼儿练习扩展一系列的词，例如：

红枣——又甜又脆的大红枣。

雪花——雪花轻轻地飘下。

小雨——小雨落在了地上。

教室——教室里坐满了人。

书——我喜欢看书。

花朵——花朵又香又漂亮。

（二）幼儿园游戏活动有利于促进幼儿创造力发展

创造性是幼儿园游戏活动的一个重要特征。幼儿园游戏活动有利于促进幼儿创造力发展。具体来说，幼儿园游戏活动对幼儿创造力发展的促进作用主要体现在以下两个方面：

第一，幼儿园游戏活动有助于幼儿创造性地解决问题。在幼儿园游戏活

动中，幼儿有时会遇到一些问题。为了解决这些问题，幼儿常常需要尝试运用多种方法，其中不乏一些创造性地解决问题的方法。幼儿园游戏活动虽然有序开展，但对幼儿的约束很少。在游戏活动中，幼儿可以创造性地解决问题，即使失败了，也没关系。这有助于培养幼儿的创造性思维，促进幼儿创造力的发展。

第二，在结构游戏活动中，幼儿的认知结构可以得到发展，幼儿的创造潜能可以得到发掘。例如，搭积木是一种结构游戏活动，幼儿在搭积木游戏中可以不受约束地、创造性地搭建任何造型，把他们的天马行空的想象运用到搭积木中，搭建头脑中想象的造型。在搭积木的过程中，幼儿可能会遭遇失败。幼儿搭积木失败时，教师可以对幼儿进行适当的指导，或者让几个幼儿合作。这不仅能锻炼幼儿的创造力，还有助于培养幼儿的合作意识，可谓一举两得。

三、幼儿园游戏活动对幼儿情绪、情感发展的作用

（一）幼儿园游戏活动有利于促进幼儿情绪发展

1. 幼儿园游戏活动能够使幼儿获得积极的情绪体验

幼儿园游戏活动具有趣味性。幼儿能够在幼儿园游戏活动中获得积极的情绪体验（包括快乐、喜欢、轻松、爱、自信等积极的情绪体验），这是幼儿喜欢游戏活动的一个重要原因。幼儿在游戏中没有来自外界的压力，可以相对自由地做游戏，充分享受游戏带来的欢乐以及成功带来的满足感，这种积极的情绪体验有利于幼儿身心健康发展。

2. 幼儿园游戏活动有助于幼儿宣泄消极情绪

幼儿如果长期处在消极的情绪中，就容易出现食欲减退、消化不良等情况，甚至产生一些心理疾病。教师引导幼儿宣泄消极情绪非常重要。幼儿喜欢参与游戏活动，因为游戏活动能让幼儿感到放松、愉快。在游戏活动中，幼儿的消极情绪可以得到宣泄。在游戏活动结束后，教师可以趁热打铁，和幼儿进行沟通，了解幼儿产生消极情绪的原因，然后有针对性地帮助幼儿疏导情绪。

（二）幼儿园游戏活动有利于促进幼儿情感发展

情绪属于低级情感。对幼儿来说，情绪发展是最基础的。在此基础上，教师还需要使幼儿获得高级情感的发展，如道德感、理智感和美感的发展。

1. 幼儿园游戏活动可以促进幼儿道德感的发展

道德感是人们评价自己和别人的行为是否符合社会道德标准时产生的内心体验。有些游戏活动是对现实生活的反映，游戏角色的行为在一定程度上反映了现实生活中人们的道德行为。在游戏活动中，幼儿通过对人物关系的处理、对角色情感的体验，可以增强爱心、同情心和道德感。

2. 幼儿园游戏活动可以促进幼儿理智感的发展

理智感是人们在认识客观事物的过程中产生的情感体验，是与人们的求知欲、好奇心和解决问题的需要等是否得到满足相联系的内心体验。幼儿期是儿童理智感开始发展的时期。幼儿理智感发展的一个重要的表现就是幼儿的好奇心非常强，幼儿经常喜欢问"为什么""怎么样"。同时，幼儿也有解决问题的需要。当幼儿的好奇心以及解决问题的需要得到满足，幼儿的理智感就获得了发展。在幼儿园游戏活动中，幼儿也会产生好奇心，也会产生解决问题的需要。幼儿在游戏中通过自主探索（或合作探索、在教师引导下进行探索）满足好奇心、解决问题之后，幼儿的理智感就会得到发展。

3. 幼儿园游戏活动可以促进幼儿美感的发展

美感是人们对审美需要是否得到满足产生的情感体验。幼儿从小喜欢鲜艳悦目的东西，主要对颜色鲜艳的东西（如颜色鲜艳的衣服、鞋袜等）产生美感。幼儿逐渐成长，在环境和教育的影响下，逐渐有自己的审美标准，能从音乐作品、美术作品等多种艺术作品中体验到美，不仅能感受美，还能创造美。幼儿园教师可以通过组织游戏活动，促进幼儿美感的发展。在游戏活动中，幼儿对游戏环境的装饰、动听的音乐、美术作品以及自然和社会生活中美好的事物都会产生审美快感。幼儿搭积木，用彩笔作画，能够锻炼创造美的能力；在轻松、愉快的气氛中开展"吹画梅花"这个绘画游戏活动，把墨汁滴在纸上，任意吹，并互相观看作品，有利于锻炼创造美和欣赏美的能力；在开展"放风筝"游戏活动时，在准备好的风筝上画画，然后到户外放风筝，既能锻炼创造美的能力，又能学会放风筝。总之，游戏活动是培养幼儿美感的重要途径。

四、幼儿园游戏活动对幼儿社会性发展的作用

社会性是人的根本属性。幼儿的社会性发展是指幼儿从"自然人"转化为"社会人"的发展过程。幼儿阶段是个体社会性发展的重要时期。游戏活动

是促进幼儿社会性发展的一个重要途径。并非所有的游戏活动都能够促进幼儿社会性发展。社会性的一个重要特征是人际交往。社会性游戏活动（基于人际互动的游戏活动）才能促进幼儿社会性发展。

（一）社会性游戏活动的内涵

幼儿园教师了解社会性游戏活动的内涵，有利于更好地组织社会性游戏活动，促进幼儿社会性发展。下面从人际互动和情感状态两个方面分析社会性游戏活动的内涵。

1. 人际互动

一个幼儿开展的游戏活动不属于社会性游戏活动，因为没有人际互动。这样的游戏活动对幼儿的社会性发展没有促进作用。社会性游戏活动通常有两个或两个以上的幼儿参与，并且参与游戏的幼儿之间可以产生互动。幼儿在游戏活动的人际互动过程中，进行信息交流，也可以进行情感交流，从而在游戏环境这个"小社会"中获得社会性发展。

2. 情感状态

在社会性游戏活动中，无论幼儿之间是否产生情感交流，他们之间都会形成友好或冲突这两种情感状态中的一种。幼儿在游戏中以友好的情感状态为主。友好的情感状态主要来自积极的人际互动，包括对他人的肯定或赞许、对彼此关系的肯定、同情、主动给予、关爱、幽默及共享。冲突的情感状态主要来自消极的人际互动。在社会性游戏活动中，幼儿之间可能会产生冲突，由此形成冲突的情感状态。这种情感状态不利于游戏活动的顺利进行，进而影响幼儿的发展。在幼儿产生冲突后，教师应介入其中予以调解，帮助幼儿解决冲突，从而使幼儿的情感状态变好，同时使幼儿更加深刻地认识人际交往。总之，虽然幼儿在社会性游戏活动中可能会产生冲突，但解决冲突有利于促进幼儿社会性发展。

（二）社会性游戏活动对幼儿社会性发展的促进作用

1. 社会性游戏活动有助于幼儿社会交往技能的提升

社会性游戏活动能够为幼儿提供训练社会交往技能的良好环境。在社会性游戏活动中，幼儿要学会使自己的意见和别人的看法协调起来，学会相互理解和帮助，学会协商、合作，学会积极地反馈信息，学会支持同伴，学会对同伴让步以及被同伴接纳，等等。这有利于促进幼儿社会交往技能的提升。

2. 社会性游戏活动有助于幼儿角色采择能力的提高

角色采择能力是指人们从其他人的角度看待问题的能力。提高幼儿的角色采择能力对幼儿的社会性发展具有促进作用。幼儿刚刚形成对自我的认识，从他人的角度去看待问题是困难的。但在社会性游戏活动中，幼儿要站在角色的角度看问题，才能使游戏活动顺利开展。这种有意识地把自己的身份转换为他人身份的过程能促进幼儿的去自我中心化，从而促进幼儿角色采择能力的提高。

第三节　幼儿园教师不同类型游戏活动组织技能的训练

幼儿园游戏活动有不同的类型。幼儿园教师可分类进行游戏活动组织技能的训练。下面介绍几种常见的幼儿园游戏活动组织技能的训练（图5-3）。

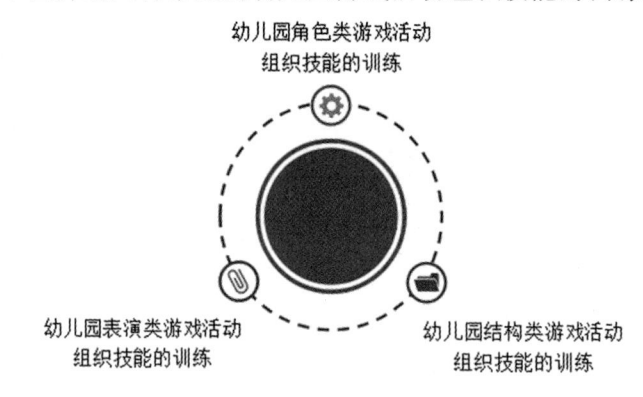

图5-3　几种常见的幼儿园游戏活动组织技能的训练

一、幼儿园角色类游戏活动组织技能训练

角色类游戏也称象征性游戏，是幼儿按照自己的意愿，运用模仿和想象，借助真实或替代的材料，扮演角色，用语言、动作、表情等创造性地再现周围社会生活的游戏。根据角色类游戏活动的特点，教师对幼儿园角色类游戏活动组织技能进行训练时，应注意以下两点。

（一）指导幼儿学会分配和扮演角色

分配和扮演角色是角色类游戏活动的重要环节，在很大程度上影响游戏效果。在开展角色类游戏活动时，幼儿非常关心自己扮演什么角色，但不善于分配角色。教师应指导幼儿学会分配角色。通常，教师会让幼儿采用报名、推选、轮流、陈述理由等方式分配角色。幼儿分配好角色后，还要扮演好角色。幼儿虽然喜欢参与游戏活动，但在扮演角色的过程中比较容易被某些物品、情境等吸引注意力，忘记自己扮演的角色。为了避免这种情况出现，教师需要对引导幼儿学会扮演角色进行训练。这项训练的方向是引导幼儿明确自己在游戏活动中的角色身份，使幼儿对自身扮演的角色有清楚的认识，从而使幼儿集中注意力扮演角色。

（二）正确处理角色类游戏活动中可能出现的问题

教师在组织角色类游戏活动的过程中，可能会遇到一些问题。教师要学会处理这些问题，才能确保游戏活动顺利开展。教师在组织角色类游戏活动的过程中，可能会遇到以下问题，应正确处理这些问题。

1. 游戏材料不足

游戏材料是影响游戏活动顺利开展的一个重要因素。通常，教师在设计游戏活动时，会提前做好规划，以避免出现游戏材料不足的情况。但有时也会出现一些特殊情况，导致游戏材料不足。此时，教师要尽快补充游戏材料，从而使游戏活动顺利开展。

2. 角色类游戏主题单一，影响角色类游戏活动进一步开展

角色类游戏是围绕一个主题开展的。游戏主题应随着幼儿的成长而不断变化和丰富。当角色类游戏的主题单一时，教师应适时丰富游戏主题，可以以问题为中心，帮助幼儿丰富游戏主题。教师可以采用间接支持与引导的方式帮助幼儿丰富游戏主题，比如，以游戏者的身份参与游戏，帮助幼儿找到更多的游戏主题。

3. 幼儿对角色类游戏进行低水平重复

当幼儿对角色类游戏进行低水平重复时，教师应参与游戏，扮演角色，从而促进游戏情节的发展。教师参与游戏，一方面可以提高幼儿做游戏的兴趣，调动他们开展活动的积极性，另一方面可解决幼儿对游戏进行低水平重复的问题。

4.有些幼儿违反游戏规则

游戏规则是人们为了确保游戏活动顺利开展而制定的。比如,在角色类游戏活动中,幼儿不能用现实生活中的身份去干扰他人做游戏。幼儿如果干扰他人做游戏,就违反了游戏规则,游戏就无法继续进行。有些幼儿的规则意识比较淡薄,在参与游戏活动的过程中可能违反游戏规则。面对这种情况,教师应及时制止幼儿违反游戏规则的行为,并根据具体情况对幼儿进行引导,让幼儿快速回归游戏中并重新遵守游戏规则。

二、幼儿园表演类游戏活动组织技能训练

(一)幼儿园表演类游戏活动组织技能训练的主要内容

1.引导幼儿理解要表演的作品

幼儿只有理解了要表演的作品,才能准确地扮演作品中的角色。教师要练习引导幼儿理解作品。教师可以采用讲解、提问、讨论等方式,引导幼儿理解作品的内容,了解角色的主要特征,感受角色的心理活动,同时引导幼儿尝试用不同的动作和表情去展现自己对作品的理解。

2.创设表演环境

游戏环境是幼儿园教师组织表演类游戏的重要基础。教师应对表演环境创设技能进行训练。在进行这项训练时,教师要对故事内容进行深入分析,对表演环境进行初步设计。在此基础上,教师和幼儿一起准备创设表演环境需要的材料。这不仅有利于增强幼儿对游戏活动的参与感,也有利于锻炼幼儿的动手能力。

3.引导幼儿掌握表演技能

幼儿掌握了一定的表演技能,才能在表演类游戏中比较准确地展现故事情节。教师应练习引导幼儿掌握表演技能。常见的幼儿表演技能有语言表达技能、歌唱技能和动作技能。教师可主要练习引导幼儿掌握这三种表演技能。教师可以采用示范和师幼共演的方式,引导幼儿逐步掌握这三种表演技能。

(二)不同阶段幼儿园表演类游戏活动组织技能训练的要点

在组织幼儿园表演类游戏活动时,教师同样要关注不同阶段幼儿的身心发展特点。教师要根据不同阶段幼儿的身心发展特点,有针对性地进行表演类

游戏活动组织技能训练。

1. 小班

小班幼儿处在探索游戏材料的阶段，并且往往只关注自己的动作。适合他们玩的表演类游戏大多为平行游戏，需要的材料不多。面对小班幼儿，教师在训练表演类游戏活动组织技能时，可重点关注两点：一是引导幼儿熟悉游戏材料，让他们了解游戏材料的作用；二是教师做好示范，为幼儿提供模仿的榜样。

2. 中班

中班幼儿的动作发展水平有了比较明显的提高，他们也有了联合行为，但合作做游戏的行为仍旧不多。此外，中班幼儿的表演技能也比较差。他们在表演类游戏中以重复动作为主。面对中班幼儿，教师在训练表演类游戏活动组织技能时，可重点关注两点：一是丰富幼儿的社会生活经验，提升幼儿的表演技能；二是引导幼儿进行合作，让幼儿在合作中完成表演类游戏。

3. 大班

大班幼儿有了较多的合作行为，能够在游戏中相互配合，但仍旧需要教师引导。同时，大班幼儿的表演技能也有了一定的提升，他们能够使用一些表现手段去展现人物角色和故事情节，但表演水平仍旧不高。面对大班幼儿，教师在训练表演类游戏活动组织技能时，可重点关注两点：一是为幼儿提供充足的游戏材料，让幼儿的创造力得到充分发挥；二是对幼儿的表演进行适当指导，让幼儿的表演具有一定的艺术性。

三、幼儿园结构类游戏活动组织技能训练

（一）幼儿园结构类游戏活动组织技能训练的主要内容

1. 指导幼儿掌握操作材料的技能

幼儿园教师组织结构类游戏活动的一个重要目的是让幼儿掌握操作材料的技能，进而提高幼儿的动手能力。在结构类游戏活动中，操作材料的技能包括平铺、组合、垒高等。教师要练习运用讲解、示范、练习等方法，引导幼儿逐步掌握操作游戏材料的技能。

2. 丰富幼儿对实物的认识

在组织结构类游戏活动时，教师不需要对幼儿构建的物品做要求。幼儿在做游戏时，可以自由地进行想象。如果教师使幼儿对实物的认识更丰富，就可以让幼儿在头脑中储存更多的物象。这样，幼儿在做结构类游戏时，就能构建更多的物品。在训练结构类游戏活动组织技能时，教师应引导幼儿对现实中的实物进行细致的观察，让幼儿对这些实物的外部轮廓、结构、色彩等形成比较清晰的认识，从而使幼儿在头脑中储存更多的物象。

3. 引导幼儿正确对待游戏材料

教师要引导幼儿逐渐学会收放材料，培养他们对材料的爱护意识。在刚开始组织开展结构类游戏时，教师可以让幼儿帮助教师收放材料，之后再让幼儿独自收放材料，引导幼儿逐步学会有条理地、整齐地收放游戏材料。同时，教师要引导幼儿爱惜游戏材料，让幼儿明白不能随意破坏游戏材料。

（二）不同阶段的幼儿园结构类游戏活动组织技能训练的要点

在组织幼儿园结构类游戏活动时，教师同样要关注不同阶段幼儿的身心发展特点。教师可根据不同阶段幼儿的身心发展特点，有针对性地进行幼儿园结构类游戏活动组织技能训练。

1. 小班

在结构类游戏活动中，小班幼儿的兴趣主要集中在一些动作上，如重复的动作。他们的构建物品活动没有目标。他们往往想到什么，就构建什么。他们选择游戏材料时，往往是盲目的。面对小班幼儿，教师在训练结构类游戏活动组织技能时，可重点关注两点：一是为幼儿提供结构类作品的范例，让幼儿的游戏活动具有目标和计划；二是引导幼儿为其构建的物品命名，增强幼儿的成就感。

2. 中班

中班幼儿在开展结构类游戏活动时，往往具有一定的目标，并且能够根据构建物品的需要选择游戏材料。中班幼儿能够对其构建的物品的功能进行一定程度的利用。面对中班幼儿，教师在训练结构类游戏活动组织技能时，可重点关注两点：一是引导幼儿设计构建方案，从而使幼儿的游戏活动具有目标，提高幼儿对游戏活动的参与度；二是在幼儿独立构建物品的基础上，以小组为单位组织几天构建物品的活动，让幼儿一起设计构建方案，然后分工构建物品。

3. 大班

大班幼儿做结构类游戏的目的性较强，使用游戏材料较熟练，而且能够根据游戏情境的需要，找到新的游戏主题，这是小班幼儿和中班幼儿很难做到的。面对大班幼儿，教师在训练结构类游戏活动组织技能时，可重点关注两点：一是引导幼儿围绕一个主题构建物品时，可引导他们对物品的一些细节进行表现，培养他们的动手操作能力；二是引导幼儿欣赏自己的作品以及他人的作品，培养幼儿评价自己的作品和他人作品的能力。

第四节　幼儿园教师游戏活动环境创设技能的训练

一、幼儿园游戏活动环境概述

（一）幼儿园游戏活动环境的概念

幼儿园游戏活动环境是指幼儿园为幼儿游戏活动提供的必要条件，包括室外环境和室内环境。室内是幼儿游戏活动的主要场所，幼儿也有室外游戏活动的需要，所以室内游戏活动环境创设和室外游戏活动环境创设同样重要。

（二）幼儿园游戏活动环境的特征

通常，良好的幼儿园游戏活动环境至少应具备以下特征：

（1）游戏活动环境比较宽敞，能够满足幼儿频繁移动的需要，也可以满足幼儿开展规模较大、内容丰富的游戏活动的需要。在一些小型的游戏活动中，活动环境也可以不宽敞。

（2）游戏活动环境应具有易于调整和变化的空间，因为教师在组织开展游戏活动的过程中，可能需要对游戏活动进行适当的调整，或者临时产生一些创意。

（3）游戏活动环境应有利于引发、支持幼儿进行游戏和各种探索活动，有利于引发、支持幼儿与环境之间的相互作用。

二、幼儿园游戏活动环境创设的基本要求

（一）环境安全

教师在组织幼儿开展游戏活动时，要牢记安全第一。幼儿园游戏活动环境创设的首要要求就是要使游戏活动环境足够安全。比如，教师要对地面进行一定的软化处理，对存在尖锐棱角的游戏设备做一定的安全处理，选择无毒无害的游戏材料，等等。

（二）空间大小适宜

在游戏活动中，空间大小是影响幼儿交往行为的一个重要因素。若空间过小，会增大幼儿之间产生冲突的概率。幼儿园教师要根据参与游戏活动的幼儿的数量创设空间大小适宜的环境，从而降低幼儿之间产生冲突的概率。

（三）游戏材料应丰富

对幼儿来说，游戏材料具有很强的吸引力，能够满足幼儿好奇、探索的心理需求。在创设游戏活动环境时，教师可以根据游戏活动的需要，为幼儿提供比较丰富的游戏材料。需要注意的是，不同年龄段的幼儿对游戏材料的需求也不同。教师在投放游戏材料时，还需要考虑幼儿的需求，使游戏资料的投放具有针对性。

三、幼儿园教师游戏活动环境创设技能训练的内容

游戏活动环境有创新、丰富、多变的特点，在促进幼儿发展上发挥着重要的作用。幼儿园教师应能够创设游戏活动环境。幼儿园游戏活动环境创设包括室外游戏活动环境创设和室内游戏活动环境创设。幼儿园教师游戏活动环境创设技能训练主要围绕这两方面展开。

（一）室外游戏活动环境创设技能训练

在进行幼儿园室外游戏活动环境创设技能训练之前，教师要对幼儿园室外游戏活动环境有清晰的认识。幼儿园室外游戏活动环境可分为九大功能区：大型组合运动玩具区、集体活动区、运动器械区、玩水区、玩沙区、攀爬区、休闲区、跑道区和自然区。这九个功能区的功能各有侧重。教师对不同功能区游戏环境创设技能进行训练，也应该有所侧重。总体而言，幼儿园教师在训练

室外游戏活动环境创设技能时，需要关注以下几点：

1. 人数与面积

在创设室外游戏活动环境时，教师应根据幼儿的数量确定游戏活动空间的大小，还要考虑各功能区之间的关联性。通常，幼儿园室外游戏活动空间的人均面积不得少于4平方米。如果受客观条件（场地）的限制，室外游戏活动空间无法达到上述要求，教师可采用分时间段活动的方式组织游戏活动。

2. 符号与标志

在室外游戏活动环境中，符号和标志主要起传达信息的作用。通常，教师应在室外的不同区域贴上明显的符号和标志，便于幼儿区分不同区域，以减少不同区域间的干扰。此外，教师还可以根据区域游戏活动的内容，在一些比较固定的区域内贴上一些特定的图文标语，如"看谁投得远""我勇敢"。

3. 游戏材料

在创设室外游戏活动环境时，教师要准备丰富的游戏材料。教师还需要考虑游戏材料是否符合幼儿的身心发展特点，是否能够满足幼儿进行室外游戏活动的需要，是否有利于幼儿在游戏活动中保持一定的秩序。在投放游戏材料的时候，教师可以和幼儿商议，研究游戏材料放在哪里更加安全、更加合理。

（二）室内游戏活动环境创设技能训练

室内游戏活动环境可分为九大游戏区域：生活游戏区、社会游戏区、语言游戏区、情绪游戏区、数学游戏区、科学游戏区、建构游戏区、美术游戏区和表演游戏区。不同的游戏区域具有不同的功能。教师对不同游戏区域环境创设技能进行训练，也应该有所侧重。总体而言，教师在训练室内游戏活动环境创设技能时，要关注以下几点：

1. 规划好通道

在室内游戏环境中，通道的作用是使幼儿在不影响他人的情况下可以自由通往不同的游戏区域。教师需要训练规划通道。一般好的通道是比较宽敞的，且容易辨认。教师规划好通道后，要让幼儿可以快速找到通道，并通过通道到达其他游戏区域。

2. 运用多种元素创设游戏活动环境

在创设室内游戏活动环境时，教师可运用多种元素。比如，教师可以将游戏环境分为大环境、小环境、长期环境、限时环境、平面环境、空间环境等，在不同的环境中运用不同的元素。再如，教师还可以充分利用各种废旧材料创设室内游戏活动环境，这样做不仅可以丰富游戏材料，还能向幼儿传递环保的理念。

3. 引导幼儿参与游戏活动环境创设

幼儿参与游戏活动环境创设，不仅体现了师幼互动，还体现了幼儿与环境的互动。在训练室内游戏活动环境创设技能时，教师要练习启发和引导幼儿参与游戏活动环境创设。在启发和引导幼儿参与游戏活动环境创设时，教师应以合作者的身份参与其中，了解幼儿的兴趣和需要，正确判断幼儿现有的发展水平，关注幼儿关注的问题，和幼儿一起寻找和解答众多的"为什么"，这样做可以使室内游戏活动环境创设发挥更大的作用。

四、幼儿园教师游戏活动环境创设技能实训案例

幼儿园教师在进行游戏活动环境创设技能实训时，应先确定具体的训练项目，然后围绕训练项目进行训练。下面对中班幼儿室外游戏活动"丰收的秋天"环境创设技能实训进行简要介绍。

（一）实训名称

"丰收的秋天"环境创设技能实训。

（二）实训目标

幼儿园教师掌握幼儿园游戏活动环境创设技能。

（三）实训过程

（1）幼儿园教师到一些模范幼儿园进行半年参观，观察模范幼儿园活动室的结构、场地面积、游戏活动区域设置、游戏材料放置、墙面布置的情况。

（2）幼儿园教师向模范幼儿园的教师了解他们创设游戏活动环境的思路，做好详细记录。不同幼儿园的教师针对游戏活动环境创设展开交流、讨论。

（3）幼儿园教师参观模范幼儿园结束后，根据自己所在的幼儿园的实际情况，进行游戏活动环境创设实践。

（4）幼儿园教师针对游戏活动环境创设进行集体讨论。

（四）实训评价

实训结束后，按照表5-1所示进行实训评价。

表5-1 幼儿园游戏活动环境创设技能实训评价表

日期：　　　　　　实训人：　　　　　　评价人：

序号	评价指标	评价方式	评价等级（共5个等级）	得分
1	能够按照游戏活动要求创设环境	他人评价		
		自我评价		
2	创设的环境符合幼儿的身心发展特点	他人评价		
		自我评价		
3	内容丰富，形式多样	他人评价		
		自我评价		
4	材料安全、干净，具有一定的操作性	他人评价		
		自我评价		
5	能以幼儿为中心，突出幼儿的参与性和环境的可变性，为幼儿创设舒适、温馨的环境	他人评价		
		自我评价		
评价说明：				

第六章 幼儿园教师其他教育教学相关技能训练

第一节 幼儿园教师课堂教学组织技能训练

一、幼儿园教师课堂教学组织技能的概念

课堂教学组织技能是指在课堂教学中，幼儿园教师集中幼儿注意力、引导幼儿学习、管理班级纪律、构建和谐的教学环境，以促使教学目标实现的一种技能。幼儿园课堂教学是通过一定的课堂组织形式来实施的。课堂组织是课堂教学的支点，也是课堂教学活动得以顺利开展的基本保证。幼儿园教师应具备课堂教学组织技能，才能更好地进行课堂教学。

二、幼儿园教师课堂教学组织技能的功能

（一）营造良好的课堂氛围

课堂氛围是教师和幼儿的情感状态和情绪在课堂上的整体呈现。在良好的课堂氛围中，幼儿学习更加积极，对知识的掌握更加牢固，学习效果更好。教师要精心组织课堂教学，并在课堂教学中随时从幼儿那里获得反馈信息，然后调整自己的教学行为，营造轻松、愉快、和谐的课堂氛围，使幼儿能够时刻以饱满的热情投入学习。

（二）吸引幼儿的注意力

注意是心理活动对一定对象的指向和集中。幼儿的身心发展还不成熟，其注意力集中的时间较短，这也是影响课堂教学效率的一个重要因素。教师在组织课堂教学时，要注重吸引幼儿注意力。幼儿园教师在组织课堂教学时吸引幼儿注意力的主要策略如下：

第一，在每节课的开始，教师不要机械地忙于按教案程序讲课，而是要先做好课堂导入。

第二，教师要察言观色，注意幼儿的信息反馈。

第三，教师在讲课过程中注意把握好讲课内容的难易程度、趣味性，并使新旧知识联系起来。

第四，教师讲课的神色和语调要富有感情。

（三）激发幼儿的学习兴趣

兴趣是最好的老师。在幼儿园课堂教学中，教师要注意激发幼儿的学习兴趣。教师在组织课堂教学时，要使各教学环节的活动有序开展，同时根据教学内容融入一些能够激发幼儿学习兴趣的元素，如游戏、故事等，从而有效激发幼儿的学习兴趣。

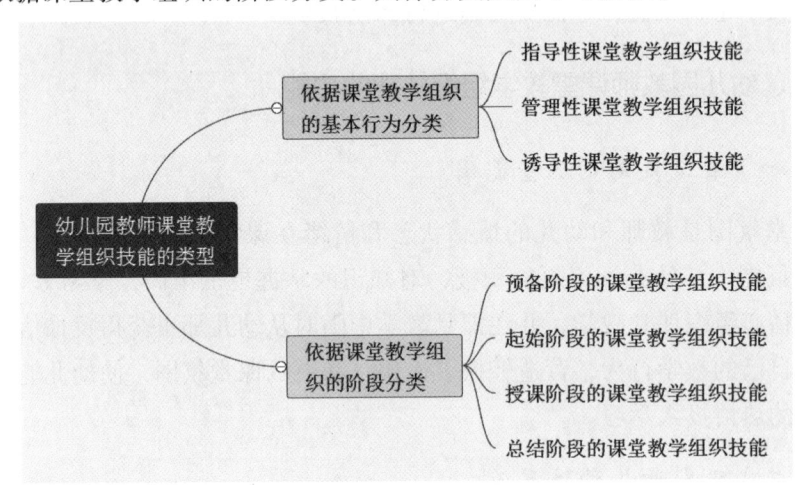

三、幼儿园教师课堂教学组织技能的类型

依据不同的分类标准，可将幼儿园教师课堂教学组织技能分为不同的类型。目前，常见的分类标准有两个：一是依据课堂教学组织的基本行为分类，二是依据课堂教学组织的阶段分类。具体分类如图6-1所示。

幼儿园教师课堂教学组织技能的类型
- 依据课堂教学组织的基本行为分类
  - 指导性课堂教学组织技能
  - 管理性课堂教学组织技能
  - 诱导性课堂教学组织技能
- 依据课堂教学组织的阶段分类
  - 预备阶段的课堂教学组织技能
  - 起始阶段的课堂教学组织技能
  - 授课阶段的课堂教学组织技能
  - 总结阶段的课堂教学组织技能

图6-1 幼儿园教师课堂教学组织技能的类型

（一）依据课堂教学组织的基本行为分类

1.指导性课堂教学组织技能

指导性课堂教学组织技能是指幼儿园教师指导幼儿积极参与课堂教学活动的技能。该技能主要应用于两种情况：一是对阅读文本、观察事物、做游戏等课堂活动的指导性组织；二是对课堂讨论的指导性组织。

2.管理性课堂教学组织技能

管理性课堂教学组织技能是指幼儿园教师对课堂纪律进行管理的技能。

该技能主要应用于两种情况：一是对课堂秩序的管理；二是对幼儿个体的管理。对课堂秩序的管理和对幼儿个体的管理是相互联系、相互渗透的。教师应同时做好这两方面的管理。

3. 诱导性课堂教学组织技能

诱导性课堂教学组织技能是指教师用充满感情、富于启发性的语言引导幼儿积极、主动地进行思考，充分调动幼儿的主观能动性，顺利完成教学任务的技能。教师运用诱导性课堂教学组织技能的方式主要有两种：一是设置疑问，引发幼儿思考；二是热情鼓励，调动幼儿学习的积极性。

（二）依据课堂教学组织的阶段分类

1. 预备阶段的课堂教学组织技能

在课堂教学开始前，教师可提前一小段时间到课堂做好准备。预备阶段的课堂教学组织技能是指幼儿园教师在该时间段使用的一些能够引导幼儿提前进入学习状态的技能。

2. 起始阶段的课堂教学组织技能

起始阶段是课堂教学活动刚开始的阶段。起始阶段的课堂教学组织技能是指幼儿园教师在该阶段使用的能够吸引幼儿注意力、激发幼儿学习兴趣并导入新课的一些技能。

3. 授课阶段的课堂教学组织技能

授课是课堂教学的核心环节。为了使课堂教学达到预期的目标，教师在授课阶段要使用一些课堂教学组织技能。授课阶段的课堂教学组织技能是课堂教学组织技能中较难掌握的。教师应多训练这方面的技能。

4. 总结阶段的课堂教学组织技能

在授课结束之后，教师需要对课堂教学进行总结和延伸（或拓展）。这就需要教师具备相应的技能，才能使一堂课圆满地完成。

四、幼儿园教师课堂教学组织技能训练的主要内容

要上好一堂课，教师需要做好课前准备，组织课堂教学。这也是幼儿园教师课堂教学组织技能训练的主要内容。

（一）课前准备

课前准备主要包括熟悉教案、准备教具、酝酿情绪、准时上课等。

1. 熟悉教案

教师在课前应认真阅读教案，思考本节课的板书、教学活动等，尤其要注意各教学环节的衔接，做到对教案了然于心，即使不看教案，也能顺利地组织教学活动。

2. 准备教具

教具是影响课堂教学效果的一个重要因素。在每次上课前，教师都需要根据教学内容准备教具，并一一检查教具，确保教具能够正常使用。

3. 酝酿情绪

教师在上课前，应酝酿好情绪，以确保走进课堂时能够以饱满的情绪面对幼儿。

4. 准时上课

教师一定要做到准时上课，可以提前一分钟左右到教室，提前做好上课准备。

（二）组织课堂教学

1. 维持课堂秩序

课堂秩序在很大程度上影响教学效果。幼儿园教师需要对维持课堂秩序进行训练。

（1）运动恰当的方法。在组织课堂教学的过程中，教师可能会遇到有些幼儿扰乱课堂秩序的情况。此时，教师要使用恰当的方法维持课堂秩序，尤其要注意语言和态度恰当。

（2）因势利导。在维持课堂秩序时，教师应根据不同幼儿的性格特征，因势利导，引导幼儿学会主动遵守课堂纪律，而不是强硬地管理幼儿。

（3）言传身教。教师进行语言教导和自身示范，都可以教育幼儿。在维持课堂秩序时，教师除了运用语言教导幼儿之外，还需要做出自身示范，引导幼儿向教师学习。

2.完善课堂教学结构

完整的课堂教学结构有助于教师达到教学目标。在组织课堂教学时，教师应注意完善课堂教学结构。

（1）规范课堂教学过程。一堂完整的课包括预备阶段、起始阶段、授课阶段和总结阶段。除特殊情况外，教师应确保课堂教学按照这四个阶段有序开展。

（2）合理安排教学内容。由于幼儿的接受能力有限，所以教师不要安排过多的教学内容，也不要安排难度过大的教学内容。同时，教师应使不同教学内容的过渡恰当、合理。

3.组织和指导幼儿进行课堂学习活动

（1）组织和指导幼儿听讲。组织和指导幼儿听讲的目的是让幼儿专心听教师讲课，并能够遵照教师的要求迅速投入学习。组织和指导幼儿听讲主要包括直接指令和间接引导。

①直接指令：教师直接向幼儿下达指令，要求幼儿认真听讲，不要做小动作。

②间接引导：教师不直接向幼儿下达指令，而是通过提问、设置任务等方式间接引导幼儿认真听讲。

（2）组织和指导幼儿观察事物。在组织幼儿进行课堂学习的过程中，教师常常需要让幼儿认真观察一些事物，从而让幼儿通过观察直观地感知事物，培养幼儿的观察能力。在组织和指导幼儿观察事物时，教师应讲明观察目的，并引导幼儿进行全面的观察，以达到观察的目的。

（3）组织和指导幼儿讨论。在组织幼儿进行课堂学习的过程中，教师常常需要组织幼儿进行讨论，从而调动幼儿学习的积极性，培养幼儿分析问题和解决问题的能力。组织和指导幼儿讨论主要包括组织和指导全班讨论、组织和指导小组讨论。

①组织和指导全班讨论。在组织全班讨论时，教师不将幼儿分组。幼儿可以两人进行讨论，也可以多人进行讨论。完成讨论后，幼儿自愿发言。待幼儿发表完见解后，教师予以归纳总结。

②组织和指导小组讨论。教师将幼儿分组，幼儿也可自行结组。然后幼儿在小组内展开讨论。完成讨论后，每组选派一位代表发言。幼儿发言后，教师予以归纳总结。

五、幼儿园教师课堂教学组织技能训练的技巧

（一）利用变化吸引幼儿注意力

心理学研究表明，变化的、运动的东西可以引起人的注意。在幼儿园教学活动中，教师可以通过引起一些变化吸引幼儿注意力，从而提高课堂教学效率。在幼儿园课堂教学中，教师利用变化吸引幼儿注意力的常用方式有三种：教态的变化、教学媒体的变化以及师幼相互作用的变化。

1. 教态的变化

教态的变化包括教师讲课声音的变化（声音大小变化、语调变化等）、手势的变化、身体姿态的变化等。教师无须借助教学工具便可以实现这些变化。

2. 教学媒体的变化

教学通常都是通过一定的物质载体实现的，如板书、书本、多媒体等。教学媒体是教学内容的载体，是教师向幼儿传递教学内容的工具。教学媒体的变化可以刺激幼儿的感官，从而吸引幼儿的注意力。

3. 师幼相互作用的变化

开展教学活动的过程其实就是教师和幼儿相互作用的过程。在教师和幼儿相互作用的过程中，有时教师占据主导地位，有时幼儿占据主导地位。教师可根据实际情况，使师幼之间的相互作用处于动态变化中，从而引起幼儿注意。

（二）利用提问吸引幼儿的注意力

教师在教学中可以提出问题，并对幼儿的回答做出反馈，以启发幼儿思考，促使幼儿主动学习，使幼儿理解和掌握知识，获得发展。在组织课堂教学的过程中，教师发现幼儿注意力不集中、有小动作时，可以提出一些问题，将幼儿的注意力吸引过来，从而使课堂教学继续顺利地进行下去。

（三）利用暗示纠正幼儿的不当行为

在课堂教学中，教师不直接点名指出幼儿不遵守课堂纪律的行为，而是利用目光、手势等对幼儿进行暗示，让幼儿知晓自身的行为是不当的，从而促使幼儿主动改正不当行为。当幼儿不遵守课堂纪律时，教师如果直接点名，就

容易伤害幼儿的自尊心。所以，很多时候教师要利用暗示纠正幼儿的不当行为。如果这样做没有起到作用，教师也不应该当众批评幼儿，而应该下课后单独教导幼儿。

（四）利用竞赛调动幼儿学习的积极性

在组织课堂教学的过程中，教师发现幼儿状态不佳时，可以根据教学内容组织一些竞赛活动，如小组竞赛、个人竞赛等，从而调动幼儿学习的积极性，集中幼儿的注意力，达到提高教学效率的目的。

第二节 幼儿园教师书写技能训练

一、规范字

汉字是记录汉语的文字。自20世纪50年代以来，国家对汉字进行整理和简化，公布了《第一批异体字整理表》《汉字简化方案》《简化字总表》《现代汉语通用字表》《现代汉语常用字表》等。2001年1月1日起施行的《中华人民共和国国家通用语言文字法》确定规范字为国家通用文字。规范字是指经过整理、简化并由国家以《简化字总表》与《通用规范汉字表》的形式正式公布的简化字与传承字。

规范字主要有如下三种：

（1）正体字。"正体字"是"异体字"的反义词。1955年发布的《第一批异体字整理表》是淘汰异体字的标准。该表公布后又做了几次调整，恢复使用了一些被淘汰的异体字。1986年发布的《简化字总表》和1988年发布的《现代汉语通用字表》又恢复使用了一些异体字。

（2）简化字。1986年发布的《简化字总表》所收的简化字为规范字，对照的繁体字为不规范字，一般在面向社会公众的场合中停止使用。

（3）新字形。1988年发布的《现代汉语通用字表》所收的新字形为规范字形，相对的旧字形为不规范字形，一律不再使用。

2013年，国务院发布《国务院关于公布〈通用规范汉字表〉的通知》。《通用规范汉字表》公布后，社会一般应用汉字的领域的汉字使用应以《通用规范汉字表》为准，原有相关字表停止使用。

幼儿园教师要对规范字有所了解，并在教学中规范使用汉字。

二、幼儿园教师的"三笔字"

"三笔字"指毛笔字、钢笔字和粉笔字。写好"三笔字"是幼儿园教师应具备的一项职业技能。

（一）毛笔字

毛笔是用禽、兽的毛制成的笔。毛笔字是用毛笔，按照传统笔法书写的字。在"三笔字"的训练中，毛笔字训练是基础，有助于教师养成良好的书写习惯，使教师的钢笔字和粉笔字书写得更加美观。通常，如果教师的毛笔字书写过关，那么在此基础上练习写钢笔字和粉笔字就没那么困难了。

（二）钢笔字

钢笔字是使用钢笔书写的字。钢笔作为书写工具，具有书写便捷、携带方便、经久耐用、书写出来的字不易褪色的优点。在训练书写技能时，教师可以先练习写毛笔字，再练习写钢笔字，也可以两者同时进行。

（三）粉笔字

粉笔是教学中常用的书写工具之一，一般用于在黑板上书写。粉笔字书写影响教师的板书。教师除了要写好毛笔字和钢笔字之外，还要写好粉笔字。粉笔字和钢笔字在书写技法上有关联。教师写好钢笔字，练习写粉笔字的难度会降低。

三、幼儿园教师书写技能训练的基本目标

（一）掌握书写毛笔字的基础知识

教师要了解纸、墨、笔、砚等写毛笔字常用的工具，并学会正确使用和护理这些工具。教师要掌握写毛笔字的运笔方法，可以体会写毛笔字的力度、提按、节奏的变化。教师还要了解毛笔字笔画之间、部件之间的位置关系，书写时逐步做到使字结构匀称、笔画规范。教师学会用毛笔写楷书后，可尝试用毛笔写隶书、行书等其他字体。

（二）书写的钢笔字要端正、规范、美观

教师应掌握汉字的基本笔画、笔序和常用的偏旁部首，书写时做到使字端正、规范、美观。教师应能够熟练地书写正楷字，做到使书写的字匀称、平正、美观。教师学会书写正楷字之后，可尝试书写行书。在开始练习行书时，教师可先进行临摹，了解行书的特点。

（三）写好粉笔字

粉笔字在幼儿园教学中出现的频率也很高。教师应写好粉笔字。教师要写好粉笔字，应做到使书写的字的基本笔画规范，间架结构合理。教师使用粉笔书写要自然流畅，力度适中。教师应使板书整体协调统一，格式正确，布局美观。

（四）养成良好的书写习惯

养成良好的书写习惯不仅有助于教师书写技能的提升，还能使教师终身受益。教师应养成良好的书写习惯。

（1）教师写字时，应保持正确的执笔姿势和端正的坐姿。这不仅有助于教师写好字，还可以避免不良坐姿导致的健康问题。

（2）教师应养成每天练字的习惯。书写技能训练贵在坚持。教师应每天坚持练字，以每天练字半小时左右为宜，可根据具体情况适当调整练字时间。

（3）教师应养成练字用脑的习惯。教师在练字时不仅要动手，还要动脑思考，先认真观察字的特点和各笔画的位置关系，然后思考字与字格的配合，之后将自己写的字和字帖进行对比，找出差距，思考如何改进。

（4）教师应养成认真、专注书写的习惯。教师写字时，思想要高度集中，切忌一边做其他的事情一边写字。

（5）教师应养成心平气和书写的习惯。教师写字时，应做到心平气和，不紧不慢，当出现写错字的情况时，不要烦恼，可将写错的字涂掉，或在写错的字上画一个"×"。

（6）教师应养成使纸面干净、桌面整洁的习惯。教师在训练书写技能的过程中，应逐渐提高自己写字的正确率，使纸面干净。在写完字后，教师应整理好桌面，确保桌面整洁。

四、幼儿园教师书写技能训练的基本要求

幼儿园教师书写技能训练主要围绕"三笔"展开。下面介绍毛笔字、钢笔字和粉笔字书写技能训练的基本要求。

（一）毛笔字书写技能训练的基本要求

1. "双姿"正确

"双姿"是执笔姿势和书写姿势。教师要想写好毛笔字，就要掌握正确的执笔姿势和书写姿势。

（1）执笔姿势：写毛笔字一般采用五指执笔法，即用右手的五个手指分别按、压、钩、顶、抵来执笔。

①按：用右手拇指节首端紧贴笔管内侧，由左向右用力。

②压：用右手食指节末端斜贴笔管外侧，由右向左用力。

③钩：用右手中指紧钩笔管外侧，由外向内用力。

④顶：用右手无名指指甲根部紧顶笔管内侧，由内向外用力。

⑤抵：右手小指自然靠拢无名指，起辅助作用。

教师练习写毛笔字时，执笔应符合这些要求：第一，指实，即拇指、食指和中指要稳捏笔管，松紧适度；第二，拳虚，即掌内空虚如握卵，方能灵活运笔；第三，掌竖，即整个手掌要立起来，以使笔管垂直于纸面而中锋行笔；第四，腕平，即手腕勿上翘而僵直，应平稳而灵便。

（2）书写姿势：书写毛笔字的姿势分为坐式和立式两种。坐式要求身直、头正、臂开、足安；立式有立式仰写和立式俯写之分，前者要求身正、头仰、臂曲、足稳，后者要求身躬、头俯、臂悬、足开。

2. 书写规范

教师写出来的字要规范。教师在平时练习写毛笔字时，要写规范字，不写异体字、繁体字等，从而使写出的字便于幼儿认识，同时为练习写钢笔字奠定基础。教师若想进行书法创作，则可以写一些异体字、繁体字或俗体字。

3. 字形美观

相较于书写规范而言，字形美观的要求更高。教师需要将毛笔字的笔画按照约定俗成的笔法表现出来，才能使毛笔字显得美观。教师在写毛笔字时，除了将字的一笔一画写清楚之外，还要注意笔画与笔画、部件与部件的搭配，

使笔画与笔画之间、部件与部件之间相协调,从而使写出的毛笔字不但是对的,而且是美观的。

4.使写出的毛笔字具有艺术性

毛笔书法是我国特有的一种传统艺术,一共有五种书体:篆书体、隶书体、草书体、楷书体、行书体。教师练习写毛笔字应以练习写楷书体为主。教师如果学有余力,也可以练习其他书体。教师写的毛笔字具有艺术性,有利于培养幼儿的审美意识。

(二)钢笔字书写技能训练的基本要求

1."双姿"正确

写钢笔字的姿势也包括执笔姿势和书写姿势。

(1)正确的执笔姿势:

①用右手拇指、食指、中指三个指头捏住笔杆(三指捏笔处处于同一平面)。

②指尖距笔尖2.5~3厘米(两指左右)。

③无名指与小指不与笔杆接触,而是并拢在中指后面,贴在纸面上。

教师练习写钢笔字时,执笔应符合这些要求:第一,指实,即拇指、食指、中指的力量处在与笔杆垂直的同一水平面上,将笔杆夹牢,松紧适度;第二,掌虚,即无名指和小指紧随中指下部依次靠拢,并向掌心弯曲、虚握,小指的整个底部形成一个环形底座,虚贴纸面;第三,杆斜,即笔杆向右后方倾斜,紧靠在食指第三关节与虎口之间,与桌面呈45°角。如果写较大的字,那么手指向前伸直,笔杆与纸面的夹角减小;如果写较小的字,那么手指向掌心收缩,笔杆与纸面的夹角较大,便于精雕细琢。

(2)正确的书写姿势:

①头部端正:头要居中,稍向前下方俯视,眼睛与纸面距离一尺(约33.33厘米)。头不可俯得太低,也不可左偏、右斜。

②身直肩平:臀部平坐于椅子中间大部分,不能扭向一边,两肩平齐,上身不弯曲,上身重心稳定。

③臂开胸舒:两臂自然张开,两肘平放于桌面,处于一条直线上,腹背挺直,胸口与桌沿保持一拳距离,使呼吸顺畅。

④腿开足安:两腿分开,与肩同宽,自然下垂,内侧保持平行;两脚平

放于地上，使全身平衡。

2. 书写规范

教师练习写钢笔字时，也应写规范字。教师写钢笔字时，可不考虑艺术创作，必须写规范字，不能写异体字、繁体字或俗体字。

3. 字工整、匀称

和毛笔字相比，钢笔字更小。教师练习写钢笔字时，一旦出现字分布不合理的情况，就会影响字的整体工整度。教师写钢笔字时，要充分考虑字的分布，使字与字之间的距离匀称，使整篇字疏密得当，从而使写出的字工整。

4. 字形美观

教师要使写出的钢笔字美观，就要加强练习书写字体线条。相较于毛笔字的线条而言，钢笔字的线条没有明显的虚实燥润，但在长与短、直与曲、粗与细、刚与柔等方面也存在可以表现的空间。教师通过对钢笔字线条的长与短、直与曲、粗与细、刚与柔等进行表现，可以使写出的钢笔字更加美观。

（三）粉笔字书写技能训练的基本要求

1. 字规范、美观

粉笔字主要用于课堂教学，是教师向幼儿传播知识的重要媒介。教师写粉笔字时，应写规范字，做到书写规范、工整、美观，为幼儿做好示范。教师使写出的粉笔字美观，还有利于培养幼儿的审美意识。

2. 书写流畅、快捷

课堂教学是有时间限制的。教师写粉笔字时，不仅要注重字的质量，还要注重写字速度快。教师书写粉笔字要流畅、快捷、灵活、自然，尽量一挥而就，尽可能避免擦掉重写、频繁改动。

3. 板书整齐、合理

写板书是教师在教学过程中，为帮助学生理解知识，用黑（白）板或多媒体书写文字、符号等，向学生传递教学信息的教学行为。[1] 教师写板书时，除了要讲求单个字规范、美观外，还要讲求良好的板书整体呈现效果。

---

[1] 卢春樱. 思想政治（品德）学科教师教学技能训练[M]. 北京：航空工业出版社，2012：155.

（1）板书的字大小适中。除特殊要求外，板书的字既不能太大，也不能太小。板书的字太大，容易导致频繁擦写，不仅影响板书的完整性，还费时、费力；板书的字太小，距离远一些的幼儿可能会看不清板书，这会影响他们的学习效果。因此，教师写板书时，应使字大小适中。

（2）板书行列平直。教师写板书时，要将横向的字写平，使板书整体行列平直，从而使板书工整。

（3）用笔轻重得当。教师写板书时，如果用笔过重，就会使笔画粗而厚，如果用笔过轻，就会使笔画细而薄。教师写板书时，既要注意书写轻、重、快、慢的交替变化，又要使板书书写轻重得当，从而使板书美观、工整。

五、幼儿园教师书写技能训练的主要内容

幼儿园教师书写技能训练的主要内容如图6-2所示。

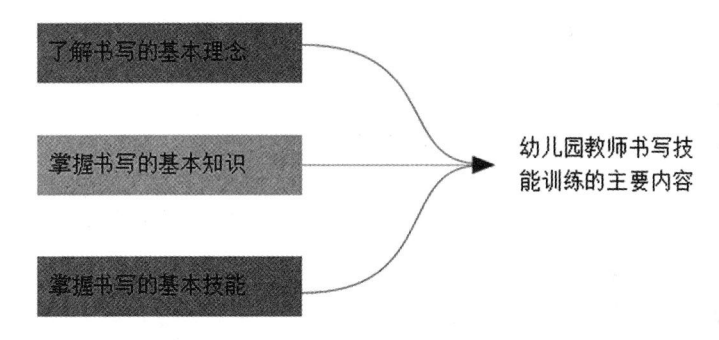

图6-2 幼儿园教师书写技能训练的主要内容

（一）了解书写的基本理念

理念是行动的先导。有怎样的理念，便容易产生怎样的行为。在训练书写技能时，幼儿园教师应先了解书写的基本理念，用正确的书写理念指导书写。

（二）掌握书写的基本知识

在训练书写技能时，教师要掌握书写的基本知识。教师了解了这些基本知识，能够更好地训练书写技能，更快地提升书写技能。教师要掌握的书写的基本知识：①正确的写字"两姿"（执笔姿势和书写姿势）；②笔画和偏旁部首；③字的空间安排。

（三）掌握书写的基本技能

书写的基本技能很多。其中，笔法最为重要。笔法的训练主要包括写字力度的训练、用笔的训练，如起笔、行笔、收笔的训练。以用笔的训练为例，教师在练习用笔时，应注意掌握轻、重、快、慢的交替变化的书写节奏。例如，写点时，先轻后重，先快后慢；写撇时，先重后轻，先慢后快；写横时，重—轻—重，慢—快—慢。写字快而轻，笔画就细；写字慢而重，笔画就粗。教师在练习用笔时，应做到用笔轻、重、快、慢交替变化，从而使写出来的字有粗有细、有刚有柔、富有韵味，给人以美感。

六、幼儿园教师书写技能训练的基本策略

幼儿园教师掌握书写技能训练的策略非常重要。好的书写技能训练策略能够使教师的书写技能训练事半功倍。结合笔者的经验，笔者总结了幼儿园教师书写技能训练的基本策略（图6-3）。

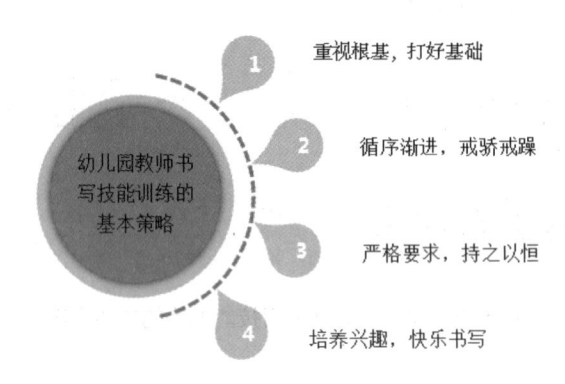

幼儿园教师书写技能训练的基本策略：
1. 重视根基，打好基础
2. 循序渐进，戒骄戒躁
3. 严格要求，持之以恒
4. 培养兴趣，快乐书写

图6-3　幼儿园教师书写技能训练的基本策略

（一）重视根基，打好基础

在训练书写技能时，教师要注重打好书写的基础。在开始练习写字时，教师可先临摹字帖，细心观察字帖中的字，了解规范字的笔画、部件等。教师临摹字帖时，要养成读帖的习惯，要有意在笔先的意识。如果有必要，教师在训练书写技能的过程中可以请教已经熟练掌握书写技能的其他教师，观察他们的书写过程，并进行模仿。在临摹字帖一段时间后，教师已经具备了一定的书写基础，便可以尝试背临。

（二）循序渐进，戒骄戒躁

教师进行书写技能训练，切忌求快，而是要循序渐进，不可骄傲、急躁。教师练字时，不可为了提高写字效率，随意减省字的笔画，或者写连笔字。教师写连笔字，不利于书写技能的提升，也不利于幼儿辨认教师写的字，会影响教学效果。教师训练书写技能时，应戒骄戒躁，不可求快，要一笔一画地练习写字，循序渐进地提升书写技能。

（三）严格要求，持之以恒

在训练书写技能时，教师要严格要求自己，尽量每日都练字，持之以恒，从而持续获得进步。教师每天练字的时间不必太长，但也不能太短，以半小时左右为宜。教师长期进行书写技能训练，有利于逐渐提升书写技能。

（四）培养兴趣，快乐书写

教师要注意培养书写兴趣，保持对书写技能训练的热情，从而逐渐提升书写技能。教师在练字的过程中，可以发掘、体会书写的乐趣，感受书写技能提升带给自己的成就感，也在快乐书写中进一步提升书写技能。

第三节　幼儿园教师多媒体课件制作技能训练

一、多媒体课件制作概述

（一）多媒体课件的概念

多媒体课件是指应用多种媒体（包括文字、图像、声音、动画和视频媒体）的新型课件。教师利用多媒体课件，可以将一些用语言无法表述清楚的教学内容（如情境、实验演示等）生动形象地展示给幼儿。这不仅有助于幼儿理解所学内容，也有助于培养幼儿的学习兴趣，活跃课堂气氛，提高教学效率。

（二）多媒体课件的类别

根据教学活动的特点与需求，可将多媒体课件分为演示型课件、娱乐型课件、模拟型课件、学习型课件和练习型课件。幼儿园教师应用前三类课件的频率较高，中小学教师应用后两类课件的频率较高。下面对前三类课件做简要介绍（表6-1）。

表6-1 不同类别的多媒体课件简介

多媒体课件类别	简介
演示型课件	演示型课件主要用于课堂教学中。教师通常向全班幼儿展示多媒体课件，创设教学情境或进行示范等。比如，有些实验由于对实验环境、实验工具的要求较高，不适合在教室展示。此时，教师可以制作演示型课件，为幼儿演示相关的实验
娱乐型课件	娱乐型课件是基于学科知识，通过游戏的形式，使幼儿掌握学科知识并获得能力发展的一类课件。娱乐型课件不同于单纯的游戏。教师应用娱乐型课件的目的是寓教于乐，让幼儿在玩乐中获得发展。娱乐型课件的趣味性较强，游戏规则较简单
模拟型课件	模拟型课件是幼儿园教师利用多媒体展示自然现象或社会现象，供幼儿观察，从而使幼儿在观察中获得能力发展的一类课件。由于幼儿的观察能力有限，所以在幼儿观察课件内容时，教师应予以必要的引导

（三）多媒体课件制作的常用工具

多媒体课件制作的工具有很多，能够满足教师多元化的教学需求。下面简要介绍常用的三种多媒体课件制作工具。

1. Microsoft Office PowerPoint

Microsoft Office PowerPoint 是一款专门用于制作演示文稿的软件。教师利用 Microsoft Office PowerPoint，能够以页为单位制作演示文稿。制作出的演示文稿可以连接起来，构成一个完整的课件。Microsoft Office PowerPoint 的优点是操作便捷。教师利用 Microsoft Office PowerPoint，可以根据教学需要便捷地插入文字、图像、音频或视频，也可以设置一些演示效果。图6-4所示是 Microsoft Office PowerPoint 的操作界面。

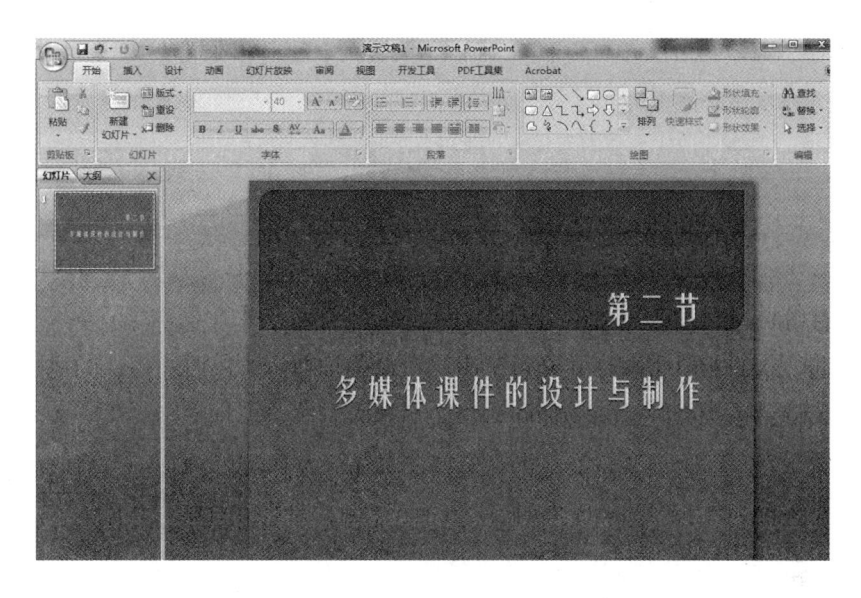

图 6-4　Microsoft Office PowerPoint 的操作界面

2. 101 教育 PPT

101 教育 PPT 是一款服务于教师的备课软件。该软件提供了教学工具、授课互动工具、3D 资源等，能够实现一键备课。其操作界面如图 6-5 所示。

图 6-5　101 教育 PPT 操作界面

作为一款一体化教学软件，101教育PPT具有如下优点：

（1）专享独家优质资源：3D教学模型、理化生实验实拍视频等海量资源独家呈现，即插即用，有利于幼儿理解教学内容。

（2）多端互通，方便操作：多平台同步，电脑端、白板端、手机端、小程序互联互通，教师备课、授课更随心。

（3）一站式教学解决方案：智慧教室全面覆盖基础教育阶段的教学场景，搭配平板电脑，实现课堂实时互动。

（4）具有专业的团队：名师微讲堂能够帮助教师提高信息化教学能力。

3. 万彩动画大师

万彩动画大师是一款电脑端的动画制作软件。其优点是操作简单。用户只需要简单地操作，便可以制作多媒体课件和微课。在幼儿园教学中，教师有时需要制作视频课件。而专业的视频制作软件操作难度大。教师可以利用万彩动画大师快速制作视频课件。

（四）多媒体课件制作的基本原则

幼儿园教师制作多媒体课件，应至少遵循以下三项原则：

1. 信息量适度原则

幼儿的身心发展还不成熟。幼儿的理解能力和接受能力都相对较弱。幼儿园教师制作多媒体课件时，应遵循信息量适度原则，避免出现多媒体课件信息量过小或过大的情况。多媒体课件的信息量过小，容易导致达不到教学目标；多媒体课件的信息量过大，会令幼儿难以完全接受。教师制作多媒体课件时，应根据幼儿身心发展特点，以完成教学目标为依据，设置适度的信息量。

2. 教学优化原则

教师使用多媒体课件的目的是优化教学，提高教学质量。在制作多媒体课件时，教师应遵循教学优化原则。在幼儿园教育教学中，并非所有的课程都需要制作多媒体课件。教师要根据具体的教学内容以及教学需求，制作与之相匹配的多媒体课件。此外，在制作多媒体课件时，教师可以利用多媒体制作软件的功能对课件进行优化，使幼儿更容易理解课件内容，从而提高课堂教学效率。

3. 画面简约性原则

根据幼儿的认知特点，教师制作多媒体课件时，应遵循画面简约性原则，尽可能使画面简约，尽可能减少分散幼儿注意力的无效信息。具体而言，多媒体课件制作的画面简约性原则主要体现在以下几个方面。

（1）画面上文字的数量不宜过多。幼儿认识的文字较少。画面上文字过多，不仅容易导致幼儿理解困难，还不易激发幼儿的学习兴趣。教师制作多媒体课件时，除了在画面上呈现阅读性的材料之外，应减少画面上文字的数量。

（2）画面布局应突出重点。为了激发幼儿的学习兴趣，教师制作多媒体课件时，可以设置一些装饰性图案，但切忌过多使用装饰性图案，而且尽量不使用动态的装饰图，否则，幼儿的注意力容易被装饰图吸引，导致幼儿难以集中注意力学习。

（3）画面切换不要过于烦琐，以淡入、淡出为主。

二、幼儿园教师多媒体课件制作技能训练的策略

（一）分层次进行多媒体课件制作技能训练

多媒体课件制作技能可大致分为三个层次：计算机基本操作技能、多媒体软件操作技能和多媒体设备操作技能。幼儿园教师可分层次进行多媒体课件制作技能训练。

1. 计算机基本操作技能训练

多媒体课件制作是在计算机上完成的。教师要先掌握计算机基本操作技能。

（1）汉字录入。汉字录入训练主要包括输入法切换的训练、打字速度的训练和打字准确率的训练。

（2）Windows 操作系统。Windows 操作系统训练主要包括图标的基本操作训练、窗口的基本操作训练、Windows 的文件/文件夹的操作训练、Windows 系统设置训练、常用工具软件的操作训练。

（3）Office 操作。Office 操作训练主要包括 Word 操作训练、Excel 操作训练和 PowerPoint 操作训练。

（4）网络操作。网络操作训练主要包括浏览器操作训练、软件下载训练、搜索引擎操作训练。

2. 多媒体软件操作技能训练

多媒体软件是制作多媒体课件不可或缺的工具。幼儿园教师需要对多媒体软件操作技能进行训练，这也是幼儿园教师多媒体课件制作技能训练的核

心内容。除了制作 PPT 常用的 Microsoft Office PowerPoint 外，还有很多其他的可以用来制作多媒体课件的软件。教师可根据自己的需要选择适合自己的软件，练习软件操作，达到熟练操作多媒体软件制作课件的程度。

3.多媒体设备操作技能训练

多媒体设备是多媒体课件播放必不可少的设备。教师有必要对多媒体设备操作技能进行训练，从而能够熟练操作多媒体设备。多媒体设备操作技能训练主要包括投影机参数设置及使用技巧训练、展台按键功能使用技巧训练、屏幕使用技巧训练。

（二）加强对幼儿园教师多媒体课件制作技能训练的反馈

《礼记·学记》："独学而无友，则孤陋而寡闻。"在训练多媒体课件制作技能时，幼儿园教师不能一味地练，而是要和同事多交流，相互学习，并从同事那里得到一些对自己训练情况的反馈，从而对自己掌握多媒体课件制作技能的情况有更加清楚的认识，之后更有针对性地进行训练。幼儿园可以定期组织评价教师的多媒体课件的活动，每个教师都展示自己制作的多媒体课件，其他教师进行评价。评价指标如表6-2所示。

表6-2 幼儿园教师多媒体课件评价指标

	评价指标	得分（分）	备注
课件内容	逻辑清晰	0～10	
	教学内容正确、规范	0～10	
	教学内容重难点突出	0～10	
	有拓展内容、创新之处	0～10	
	没有与教学无关的内容	0～10	
	内容设计有助于激发幼儿学习兴趣	0～10	
课件界面	页面信息量适中	0～5	
	整体布局简洁、美观	0～5	
	色彩搭配合理，内容与背景颜色协调	0～5	
	特殊效果使用恰当	0～5	
	文字大小适中，重要部分被标出	0～5	

续 表

评价指标		得分（分）	备注
应用操作	课件具有一定的交互性，有助于师幼互动	0～5	
	导航栏目明确，链接正确	0～5	
	各部分操作简便	0～5	

三、多媒体课件制作软件及辅助性软件实操训练

在多媒体课件制作技能中，熟练使用多媒体课件制作软件是关键，这也是幼儿园教师多媒体课件制作技能训练的核心内容。此外，教师制作多媒体课件时，也常常用到一些辅助性软件，如美图秀秀、Photoshop等。教师也需要对使用这类软件进行训练。

（一）多媒体课件制作软件实操训练

多媒体课件制作软件的种类很多。下面以 WPS Office 软件为例，阐述如何进行多媒体课件制作软件实操训练。

1. 构思

教师可根据教学目标、教学内容和 WPS Office 的特点，设计课件制作方案。教师要初步考虑模板的选择、效果的设置等，然后构思场景，设计出课件制作方案。

2. 新建 WPS Office 演示文稿

教师打开 WPS Office 软件，新建空白演示文稿。为了统一课件的风格，教师可以根据构思时对模板的初步考虑，选择适宜的模板。WPS Office 软件中有很多模板可供选择。教师可直接使用该软件中的模板，既可以节省时间和精力，也可以优化课件。如图 6-6 所示，教师选择工具栏中的"设计"选项，选择"更多设计"选项，进入模板选择界面（图 6-7），选择需要的模板。在模板选择页面，教师也可以对模板的格式、字体进行统一，并可以进行智能配色。在制作课件的过程中，教师也可以根据实际需要随时更换模板。

图 6-6　"设计"选项、"更多设计"选项

图 6-7　模板选择界面

3. 添加文本

在选择了模板后,教师便可以根据教学内容,在幻灯片的文本框中添加文本内容。如果页面中的文本框不够用,教师可以选择工具栏中的"插入"选项,然后选择"文本框"选项,插入文本框,既可以插入横向的文本框,也可以插入竖向的文本框,如图 6-8 所示。教师可利用拖动的方式改变文本框的位置,还可以对文本框内的文本进行字体、字号、字形、颜色等方面的设置。

图6-8　插入文本框

4. 添加图片

设置好文本内容后，教师可在课件中添加一些图片或图形，优化课件。教师添加图片时，选择工具栏的"插入"选项，选择"图片"选项，可选择软件自带的图片，也可以上传自己提前准备好的图片（可以是网上的图片，也可以是自己用手机拍摄的图片），如图6-9、图6-10所示。

图6-9　"插入"选项、"图片"选项

图 6-10　插入图片后的幻灯片

5.插入音频和视频

添加完图片后，教师还可以根据教学内容在课件中插入一些音频。教师在课件中插入音频时，选择工具栏中的"插入"选项，选择"音频"选项，插入需要的音频（可选择软件自带的音频，也可以选择自己提前准备好的音频），如图 6-11 所示。除了插入音频外，教师还可以根据需要在课件中插入一些视频。插入视频的方法和插入音频类似。教师在课件中插入视频时，选择工具栏中的"插入"选项，选择"视频"选项，插入提前准备好的视频，如图 6-12 所示。

图 6-11　插入音频

图 6-12　插入视频

6. 设置幻灯片切换效果和动画效果

教师可以选择工具栏中的"切换"选项设置幻灯片的切换，可选择"平滑""淡出""切出"等效果，还可以利用"速度""声音"选项设置幻灯片切换的速度和声音，可选择"自动切换"的模式，如图 6-13 所示。

图 6-13　幻灯片切换效果设置

教师可以利用"动画"选项设置幻灯片中文本、图片等元素的动画效果，可设置"百叶窗""擦除""飞入"等动画效果，还可以设置动画的属性、模板、延迟时间等，如图 6-14 所示。

图 6-14　幻灯片动画效果设置

WPS Office 软件功能全面，操作简单易学。教师可使用该软件制作多媒体课件。教师加强对该软件的操作训练，再配合使用一些多媒体课件制作的辅助性软件，便可以制作出优秀的多媒体课件。

（二）多媒体课件制作的辅助性软件实操训练

此处以 Photoshop 软件为例，并以给图片添加丁达尔光效为例，阐述如何利用 Photoshop 软件将一张没有丁达尔光效的图片设置成具有丁达尔光效的图片。处理步骤如下：

（1）打开一张森林图片（图 6-15）。

图 6-15　森林图片

（2）按 Ctrl+Alt+2 选择高光区域。图片变化如图 6-16 所示。如果高光区域不够，可以再操作一遍。

图 6-16　高光区处理后的图片

（3）按 Ctrl+J 复制图层，在"滤镜"一栏选择"模糊—径向模糊"（图 6-17），进入设置界面，在"数量"处选择"100"，在"模糊方法"处选择"缩放"，在"品质"处选择"好"，点击"确定"（图 6-18）。

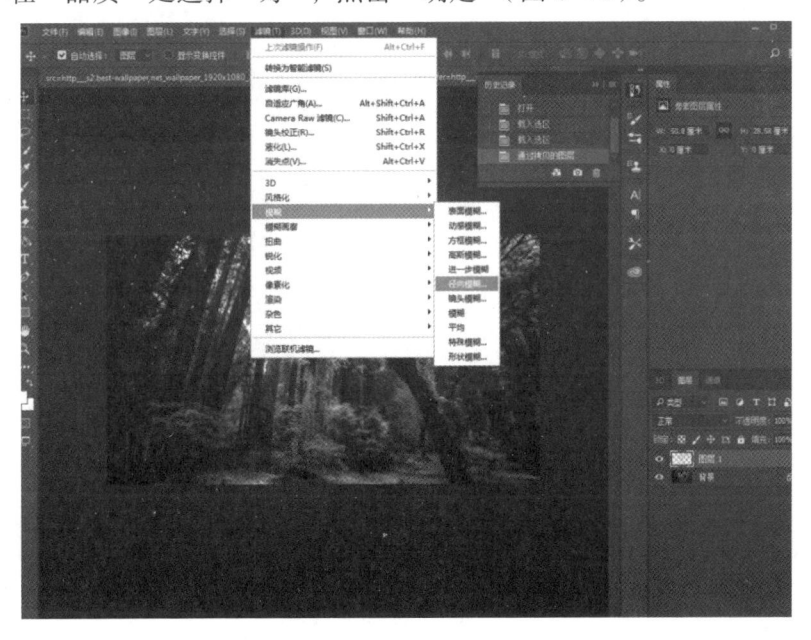

图 6-17　滤镜处理（1）

图 6-18　滤镜处理（2）

（4）在"图层"栏选择"图层样式—混合选项"（图 6-19），进入"混合选项"后，在"混合模式"处选择"滤色"，点击"确定"（图 6-20）。

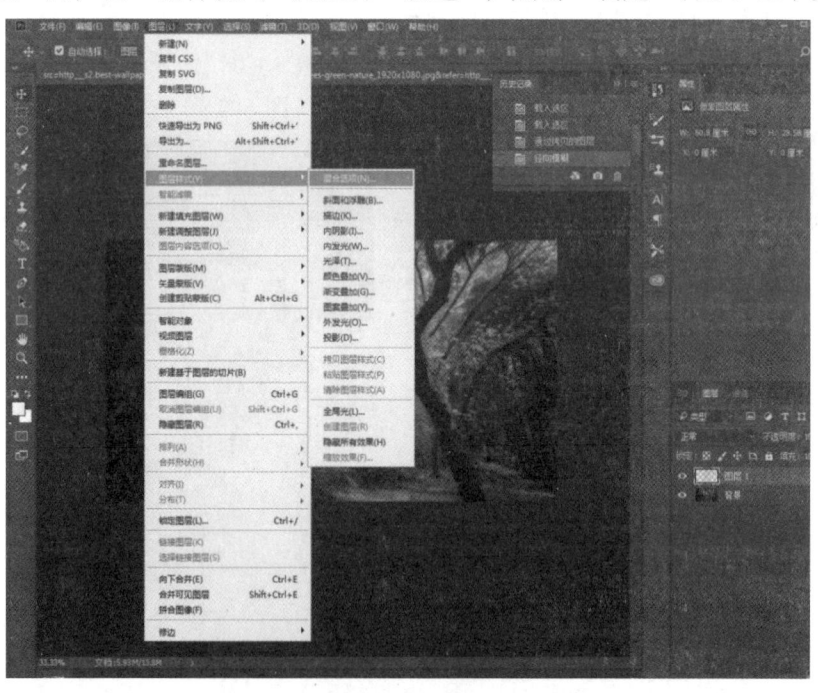

图 6-19　图层处理（1）

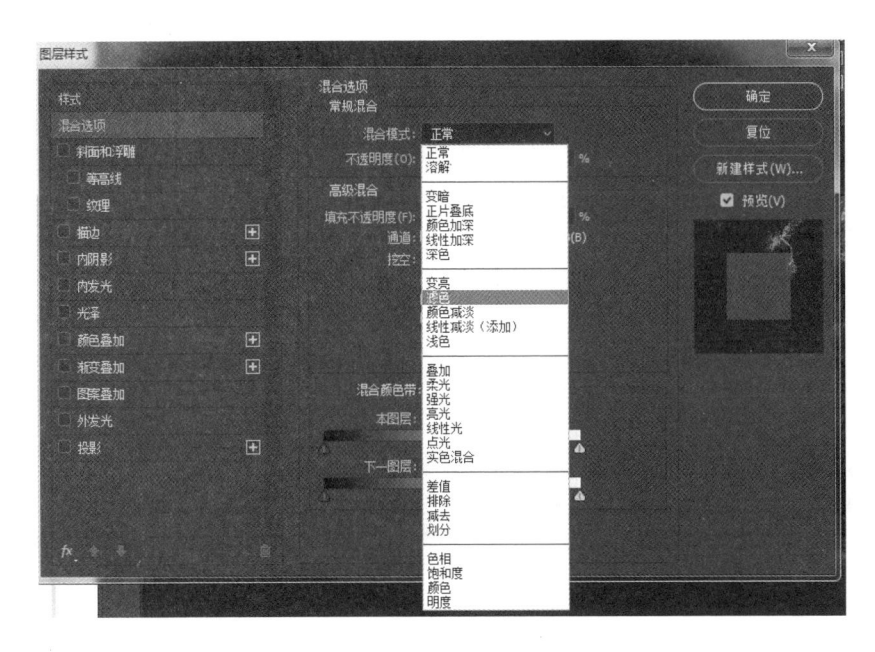

图 6-20　图层处理（2）

（5）如果觉得亮度不够，可以再复制一层，如图 6-21 所示。图 6-22 是最终效果图。

图 6-21　复制处理

图 6-22　效果图

第四节　幼儿园教师说课、听课与评课技能训练

一、幼儿园教师说课技能训练

（一）说课技能训练的主要内容

说课是执教者在特定的场合，在精心备课的基础上，面对同行或教研人员讲述对某节课或某单元的教学设想及其理论依据，然后听者评议，说者答辩，相互切磋，从而使教学设计趋于完善的一种教研活动。教师说课时，一说教材，二说学情，三说教法，四说学法，五说教学环节。

1. 说教材

教材是幼儿园教学的重要资源。教师全面、深入地分析教材是教学的基础。说教材就是教师向听课者说明教什么。说教材训练的要点如下：

（1）说教材版本和章节内容。教师选择教材时，有较大的自主权。不同的幼儿园使用的教材可能不同。教师要了解自己教学使用的教材，在说课时，向听课者说清楚使用的教材的版本以及本课所在章节的主要内容。

（2）说教学内容。说清楚教材的版本和本课所在章节内容之后，教师还需要对教材做进一步分析，说清楚教材中本课包含哪些教学内容。

（3）在说清楚教材中本课包含哪些教学内容的基础上，确定本课教学的重难点。教师明确教学重难点，有利于在具体的教学实践中分清主次，合理分配时间和精力，从而取得更好的教学效果。

2. 说学情

教师了解学情也是教学的基础。说学情也是教师说课技能训练中的一项重要内容。说学情训练的要点如下：

（1）说清楚幼儿在学习某些知识时，是否已经具备了学习的基础。

（2）说清楚教学内容是否与幼儿的思维水平和接受能力相匹配。

（3）说清楚教师教授的班级有什么样的班级文化。

3. 说教法

教法是教师在教育教学中使用的教学方法和教学手段的总称。教师说教法其实就是向听课者说清楚怎么教。说教法训练的要点如下：

（1）说教学理念。教学理念是教师实施教学方法的重要依据。

（2）说教学方法。教学方法有很多。教师在训练说教学方法时，不能简单地罗列有哪些教学方法，而要根据教学目标和教学内容说清楚该采用哪些教学方法。

（3）说教学方法的组合方式。不同的教学方法可以互补。尤其在面对一些复杂的教学情况时，教师需要将教学方法组合起来运用。教师说课时，还要说清楚哪些教学方法可以组合起来使用。

4. 说学法

学法是幼儿为达到学习目标使用的学习方式和学习手段的总称。虽然幼儿身心发展还不成熟，不能熟练地掌握学习方法，但教师也要对幼儿进行学法指导，让幼儿初步掌握一些学习方法并能够运用这些学习方法获取知识。教师说学法其实就是说清楚幼儿要怎样学。说学法训练的要点如下：

（1）说清楚教师通过哪些途径激发幼儿的学习兴趣。

（2）说清楚学习方法与教学目标之间的联系。

（3）说清楚如何开展学法指导。

5.说教学环节

教学环节即教师开展教学工作的环节。说教学环节训练的要点如下：

（1）说教学环节的导入。

（2）说本教学环节解决什么问题，即设计意图。

（3）说本教学环节主要采用什么教学方法和学习方法。

（4）说本教学环节师生的活动安排。

（5）说本教学环节所需时间。

（6）说如何知道本教学环节的教学目标是否实现了。

（7）说各教学环节间的逻辑关系（从教学环节的先后顺序可以看出各教学环节的逻辑关系）。

（8）说各教学环节如何指向知识体系的构建。

（二）说课技能训练的注意事项

教师可以围绕上述五项内容单独进行说课技能训练。但如果没有对训练的评价反馈，教师可能对自己的训练效果没有清晰的认识。所以，在训练一段时间后，教师需要邀请其他教师参与训练，开展实践训练，从其他教师那里得到真实的评价反馈，进而调整自己的训练方式。

二、幼儿园教师听课技能训练

（一）听课技能训练的主要内容

教师听课时，利用自己的眼、耳等及辅助工具（记录本、调查表、录音录像设备等），直接或间接地从课堂中获取信息资料。[①] 在听课时，教师一听语言，二听内容，三看学生反馈。

1.听语言

教学语言包括口头语言和书面语言。教师在进行针对口头语言的听课训练时，可重点关注两点：一是授课教师的口头语言是否生动形象、准确、简练；二是授课教师的口头语言是否语速适当，语调适当。教师在进行针对书面语言的听课训练时，可重点关注两点：一是授课教师写的字是否工整、美观，

---

① 杨九俊，周勇，赵宪宇．新课程说课、听课与评课 [M]．北京：教育科学出版社，2004：64．

字的大小是否适中;二是板书内容是否逻辑清晰、言简意赅。

2. 听内容

听课者要听授课教师讲课的内容。教师在进行听内容技能训练时,可重点关注三点:一是授课教师是怎样讲授教学内容的,教学内容安排是否合理;二是授课教师是否将教学内容讲得清楚明白,幼儿是否能够听懂教师所讲;三是教师对幼儿的启发是否得当。

3. 看幼儿的反馈

在听课时,教师不仅要关注授课教师的教学,还要关注幼儿的反馈。在训练相关技能时,教师可重点关注三点:一是关注幼儿参与课堂活动的状态,看幼儿是否能够积极、主动地参与教学活动;二是关注幼儿的认知状态,看幼儿是否对教师讲授的内容有了一定的认识;三是关注幼儿的情绪,看幼儿是否始终保持良好的情绪。

(二) 听课技能训练的注意事项

1. 听、看、记、思

听课不仅仅是听那么简单。教师听课时,要进行听、看、记、思,才能真正达到听课的目的。尤其在记时,教师要记录的内容很多,包括教学环节、教学细节、板书设计、点评批语等。教师认真记录授课过程,有利于更好地对授课教师的教学进行总结,从而给出恰当的评语。

2. 要将本节课与前节课和后节课联系起来

教师在听课时,虽然需要将听课重点放在要听的本节课上,但为了更加清楚地了解授课教师的教学思路,还需要把本节课与前节课和后节课联系起来。听课教师可以翻阅授课教师的教学笔记,分析本节课与前节课和后节课的联系,从而更深入地分析授课教师的教学过程。

三、幼儿园教师评课技能训练

(一) 评课技能训练的主要内容

评课是对课堂教学的成败得失及其原因做中肯的分析和评估,并且从教育理论的高度对课堂上的教育行为做出正确的解释。评课者根据课堂教学目标，对教师和学生在课堂教学中的活动以及由此引起的变化进行价值判断。[①]评课技能训练的主要内容如下：

1. 了解评课的内容

在评课前，教师要了解评课的内容，从而明确评课方向。评课的主要内容：①对教学目标进行分析和评估；②对教学处理进行分析和评估；③对教学环节进行分析和评估；④对教学方法进行分析和评估；⑤对教师教学基本功进行分析和评估；⑥对教学效果进行分析和评估。

2. 了解评课的标准

不同的教师对好课的认识存在差异。判断一节课是不是好课，没有绝对的标准，但有一些共通的标准。具体而言，判断一节课是好课的基本标准如下：①一节好课应该是有意义的课；②一节好课应该是有较高教学效率的课；③一节好课应该是启发性的课；④一节好课应该是常态下的课。

3. 根据评课的要求进行评课

教师要根据评课的基本要求进行评课。具体而言，评课的基本要求如下：①评课前要做好准备，切忌评课时信口开河；②评课要有重点，切忌主次不分；③评课要全面，切忌以偏概全；④评课要实事求是，尽量减少个人感情因素；⑤评课要因人而异，切忌程式化。

（二）评课技能训练的注意事项

在进行评课技能训练时，教师要保持虚心的态度，和授课教师进行研讨，而非将自己的分析和评估强加给授课教师，从而使评估结果更加客观、科学，更容易被授课教师接受，帮助授课教师改进教学。

---

① 冯明义. 师范生必读 [M]. 北京：科学出版社，2012：30.

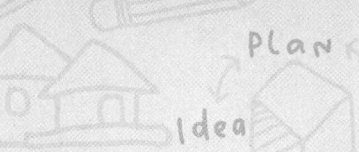

第七章 健全幼儿园教师多维技能训练的保障机制

第七章　健全幼儿园教师多维技能训练的保障机制

第一节　注重园本教研

一、园本教研的概念

园本教研的概念源自校本教研。校本教研是指为了学校和教师的发展，在学校中以学校为主体组织的以改进学校教育实践、解决课堂教学实际问题为目标的教学研究活动。[①] 幼儿园教育和小学、中学、大学的教育存在差异，幼儿园阶段的校本教研与其他教育阶段也存在差异。根据幼儿教育的目的、要求和特征，笔者认为，可将园本教研定义为以幼儿园教育工作者为主体、以提高幼儿园教育工作者综合素质为目的、以研究如何解决幼儿教育工作中的实际问题为内容的各种园内教育教学研究活动的总称。由此定义可以剖析出园本教研的三个要素：一是研究主体，主要是幼儿园教育工作者；二是研究对象，主要是幼儿教育工作中的实际问题；三是研究目的，即提高幼儿园教育工作者的综合素质。园本教研是一个内涵丰富的概念，研究对象包括幼儿园教师技能训练存在的问题。本节主要围绕这一问题分析园本教研。本节中，园本教研的目的是使幼儿园教师熟练掌握教育教学相关技能。

二、园本教研的特征

（一）具体性

园本教研的研究对象不是宏观的教育政策，而主要是教育教学中存在的具体问题，也包括一些教育理论。这些具体问题可能是教师团队的共性问题，也可能是教师个人的问题，甚至可能是幼儿园管理问题。研究对象的具体性决定了教师进行园本教研时提出的策略也是具体的，这对解决教育教学中的某些具体问题具有非常重要的意义。

（二）主动性

园本教研的主动性体现为园本教研是幼儿园内部组织的教研活动，不是

[①] 曹伟业，舒艳红. 美术课程与教学论 [M]. 广州：广东高等教育出版社，2014：216.

上级教育部门安排的任务,是幼儿园为了解决幼儿教育工作中存在的具体问题,促进幼儿园发展(包括促进教师发展)而开展的教研活动。随着教育的发展,人们对幼儿教育的要求越来越高。幼儿园只有具有自我发展的主动性,不断提高教育质量,才能跟上教育发展的步伐,满足人们的教育需求。

(三)实践性

园本教研的实践性主要体现为教师通常要采用实践研究的方法进行园本教研。园本教研解决的是具体的问题,如教师教育教学相关技能训练中存在的问题。这就需要教师对相关问题进行全面调查,而非仅仅通过他人的论述去了解问题,从而全面了解问题,提出行之有效的策略。

三、园本教研的实施过程

园本教研的实施大致可分为四个阶段:问题选定阶段、园本教研活动设计阶段、园本教研组织实施阶段、总结改进阶段。在幼儿园教师教育教学相关技能训练过程中,新的问题有可能会不断产生。新问题产生之后,幼儿园便开展下一个园本教研活动。园本教研的实施可以被看作一个循环往复的过程,如图7-2所示。

图7-1 园本教研的实施过程

(一)问题选定阶段

在幼儿园教师教育教学相关技能训练的过程中,可能会存在诸多问题。选定问题是实施园本教研的第一步。在选定问题时,教师应做到"两个实":平实和切实。平实:教师选定问题时,不要一味关注那些"高大上"的问题,而要实实在在地关注教师普遍存在的问题。切实：教师选定问题时，要切中实际需要，使这些问题有助于激发教师自我发展的内在动机，从而使问题研究更高效。

（二）园本教研活动设计阶段

园本教研活动设计在一定程度上影响教师对园本教研的认可度和参与度。在设计园本教研活动时，教师要先确立园本教研的目标，然后依据目标确定教研活动的基本内容和形式。

（三）园本教研组织实施阶段

教师在组织实施园本教研的过程中，应注意三个问题：

（1）关注整体，即关注影响教师教育教学相关技能训练的所有因素，从而更加透彻地了解问题和分析问题。

（2）聚焦和提取。教师在分析影响教师教育教学相关技能训练的各因素的过程中，要学会聚焦核心因素，将其提取出来。教师虽然要关注所有的影响因素，但在进行深入分析时，只需要关注核心因素，对于次要因素只需要进行浅层的分析即可。

（3）灵活变通。在具体实施园本教研活动的过程中，教师可能会遇到一些未能设想到的问题，此时需要进行灵活变通，对活动方案进行适当的调整。

（四）总结改进阶段

在该阶段，教师对在园本教研活动中收集的资料进行系统的分析，总结教研策略，对园本教研进行改进，对教育教学相关技能训练进行改进。

四、丰富园本教研的形式

丰富园本教研的形式，不仅能满足教师多元化的教研需求，也有助于解决教师教育教学相关技能训练中出现的各种问题。园本教研的形式有多种，下面介绍常用的几种形式。

（一）研修式教研

研修式教研是将研究和培训结合起来的一种教研形式，主要用于更新教师的教学观念，培养教师的教学技能。教师进行教育教学多维技能训练时，可以采用这种教研形式。通过研修式教研，教师可以丰富自己的教育理论，了解在技能训练中可以用哪些更有效的方法,从而熟练掌握相关技能。研修式教研的程序一般为选定研究内容—学习理论—培训研讨—反思。

(二)专题式教研

专题式教研是围绕某一专题活动而开展的教研。专题式教研的程序一般为确立专题—收集资料—剖析专题—研讨学习—提高认识。在关于幼儿园教师教育教学技能训练的园本教研活动中,教师通常会选定一些比较突出的问题或者教育教学技能训练过程中普遍存在的问题,然后广泛收集相关资料(包括理论资料和实践资料),对这些资料进行系统、深入的分析,分阶段、多层次地进行学习和讨论,最终提高认识。

(三)问题研究式教研

问题研究式教研是以具体问题为切入点,解决具体问题的一种教研形式。比如,很多教师在训练游戏活动环境创设技能时,觉得思考环境创设的思路比较困难。此时,教师可以围绕如何思考环境创设的思路这一问题展开研讨。教师在问题研究式教研过程中,要围绕问题进行讨论,抓住问题的关键,剖析问题的本质,最终解决问题。问题研究式教研的程序一般为发现问题—剖析问题—商讨对策—解决问题。

五、增强园本教研的有效性

(一)明确园本教研的价值取向

关于园本教研的价值取向,目前主要有两种说法:一是园本教研具有工具性;二是园本教研具有人文性。第一种说法强调园本教研对幼儿园社会声誉的积极作用。第二种说法强调园本教研对教师发展以及幼儿发展的积极作用。传统的园本教研的工具性更为突出。其工具性在今天仍旧占有一定的地位。但工具性不是园本教研全部的价值取向。虽然园本教研中的很多问题其实都可以被概括为幼儿园发展中的问题,但教师不能将园本教研促进教师发展和幼儿发展这一人文性的价值取向也归纳到促进幼儿园发展这一工具性的价值取向中。教师如果将园本教研人文性的价值取向归纳到工具性的价值取向中,就容易导致园本教研人文性价值取向被覆盖,进而导致园本教研总体价值降低。教师应认识到园本教研对幼儿园、教师和幼儿发展的积极作用,既要关注园本教研的工具性的价值取向,也要关注园本教研的人文性的价值取向,从而充分发挥园本教研的作用,增强园本教研的有效性。

(二)完善园本教研管理机制

"不以规矩,不能成方圆。"(《孟子·离娄章句上》)要增强园本教研的有效性,幼儿园就要做好园本教研管理。幼儿园应对园本教研的管理机制进行完善。完善园本教研管理机制的思路如下:

1.管理者应多"理"少"管"

在园本教研实施的过程中,行政管理者应做到多"理"少"管"。此处的"理"倾向于引导、鼓励、支持和协助。教研活动属于实践性较强的活动,行政管理者虽然对幼儿园的管理事务比较熟悉,但对教师教育教学相关技能的认识不如一线教师深入,所以对教师教育教学相关技能训练的教研活动进行管理时,应充分尊重教师的意见,并对教师予以必要的协助,从而更好地促进教师相关技能的提升。此外,"管"也是必不可少的,因为行政管理者需要确保园本教研活动有序开展,需要对教师进行必要的约束,从而提高园本教研的效率。

2.科学管理与人本管理相结合

科学管理属于刚性管理,是一种规章制度管理,强调管理的科学性、制度性,而非经验性。人性管理是一种充分重视人性要素的管理方式,属于柔性管理,强调以人为本。在园本教研活动的组织、管理中,管理者既要强调管理的科学性,以确保规章制度有效实施,也要强调管理的人性化,做到以人为本,为园本教研的实施营造良好的氛围。

(三)加强教师教研培训

幼儿园教师的教研能力是影响园本教研效率的一个重要因素。有必要加强教师教研培训。教师教研培训的重点如下:

1.增强教师的问题意识

发现有研究价值的问题是园本教研的前提。选定问题是园本教研的开端。教师是园本教研的主要参与者。教师要有问题意识,善于发现教学中的问题。培养教师的问题意识至关重要。要培养教师的问题意识,幼儿园就要营造良好的氛围,积极鼓励教师发现问题,即使教师发现的问题没有重要的研究价值,也不能打消他们的积极性,从而使教师在日常的思考中增强问题意识。

2.让教师学会实践反思

实践反思是教师在教育实践的过程中进行自我反思。教师进行实践反思,不是简单地进行教育回顾,而是要对教育实践进行系统的分析和反思,并探寻解决问题的策略。在园本教研中,实践反思非常重要。使教师学会实践反思是教师教研培训中不可或缺的内容。

3.让教师掌握科研方法

园本教研是一种科研活动。教师有必要掌握一些科研方法,如收集资料的方法、筛选资料的方法、分析资料的方法等,从而得到更加科学的研究结论,增强园本教研的有效性。

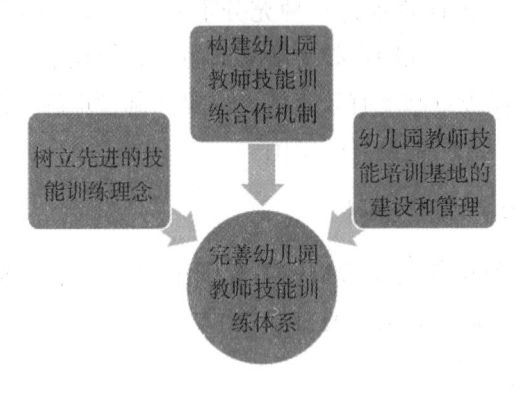

第二节 完善幼儿园教师技能训练体系

随着社会的不断发展,教育行政部门、幼儿家长对幼儿教育以及幼儿园教师提出了更高的要求。在这样的背景下,针对幼儿园教师技能训练,探索更加完善的训练体系显得至关重要。在分析幼儿园教师技能训练现状的基础上,笔者认为,完善幼儿园教师技能训练体系的措施如下(图7-2)。

图7-2 完善幼儿园教师技能训练体系

一、树立先进的技能训练理念

理念是行动的先导，能够指导行动。在开展幼儿园教师技能训练时，相关组织人员要树立先进的训练理念。教师也要树立先进的技能训练理念。

（一）组织人员应树立的先进的技能训练理念

1. 训练内容：由理论型转变为实践型

幼儿园教师技能训练涉及一些理论知识，但更多地涉及实践训练内容。教师仅进行理论方面的训练，很难全面掌握各种教育教学技能。组织人员在设计教师技能训练内容时，应以理论为基础，注重训练内容的实践性，从而使教师切实掌握相关技能，而非纸上谈兵。

2. 训练方式：由讲授型转变为多样型

讲授是幼儿园教师技能训练常用的一种训练方式。有些训练内容较复杂，教师理解这些内容有一定的难度。这就需要专业人员或经验丰富的人员为教师讲授这些训练内容。讲授的主要作用是使教师更容易理解训练内容。除了讲授之外，组织人员还要让教师进行形式更加多元的技能训练，如参与式训练、体验式训练、自主式训练、合作式训练等。这不仅有助于调动教师参与技能训练的积极性，也有助于教师在多种形式的技能训练中对教育教学技能有更深刻和系统的认识。

3. 训练途径：由集中型转变为多层次型

集中型训练是幼儿园教师技能训练的一种常见的训练途径，具有投入时间少、综合效益高的优点。对于一些基础性技能的训练或者技能水平处于同一层次的教师的技能训练，可以选择集中型训练；进行提高性的技能训练、不同教师的技能提高的方向存在差异或参加技能训练的教师的技能水平处于不同层次时，不宜选择集中型训练。教师技能训练应从集中型转变为多层次型。幼儿园应因材施教，因园施策，开展多层次的教师技能培训。需要注意的是，集中型训练有其优势和适用范围，多层次型训练并不是对集中型训练的完全否定和舍弃，而是对它的兼容。

（二）幼儿园教师应树立的先进的技能训练理念

进行教育教学技能训练是教师自我发展的重要途径。教育教学技能随着

时代发展而发展,所以教师要树立终身学习的理念。终身学习具有如下特征:

(1)终身学习具有自主性的特征。

(2)终身学习具有个性化的特征。

(3)终身学习强调了学校外学习的重要性。

(4)终身学习是一种有意识、有目的的学习。

二、构建幼儿园教师技能训练合作机制

(一)构建幼儿园教师技能训练合作机制的理论基础

1. 协同理论

协同理论是德国物理学家哈肯提出的,是研究社会和自然界各种系统在发展中遵循的共同规律的理论。协同理论的核心是系统各要素间通过非线性相互作用而产生某种协同与竞争,从而推动系统的自组织不断演进。[1] 协同理论主要由协同效应原理、支配原理、自组织原理构成。其中,协同效应原理是该理论的主要原理。协同效应原理是指系统中的各要素之间通过关联运动产生协同效应,从而使系统达到有序或平衡的状态。幼儿园在教师技能训练方面,可以与政府和高校合作。政府、高校、幼儿园属于社会系统中的要素。幼儿园通过协同这些要素,可以为教师技能训练提供良好的条件,从而提高教师技能训练效率。

2. 社会互动理论

社会互动是指社会中人与人、人与群体、群体与群体之间通过信息传播,发生相互依赖的社会交往活动。[2] 社会中的个体或群体之间必然会产生互动。构建幼儿园教师技能训练合作机制,需要政府、高校、幼儿园的互动。三方共同助力幼儿园教师技能训练。

3. 系统论

系统是各种要素相互作用的复合体。系统论是研究系统整体性、动态性、关联性、有序性和目的性的一种理论。由系统论可知,系统中的各要素虽然是相互独立的,但并不是孤立的,各要素之间存在着相互作用,各要素共同构

---

[1] 王霞. 大学教育和社区教育的互动协同发展[M]. 北京:中国社会出版社,2019:73.

[2] 张芸. 教师合作研究的社会互动支持系统设计与开发[D]. 广州:华南师范大学,2007.

成了整体。另外，整体的功能不是各要素功能的简单相加，而是符合1+1＞2的规律。政府、高校、幼儿园便是幼儿园教师技能训练合作机制中的要素，这三个要素互动，可以实现1+1+1＞3的幼儿园教师技能训练效果。

（二）构建幼儿园教师技能训练合作机制的策略

1. 以理论研究引领实践探索

理论能够指导实践。在构建幼儿园教师技能训练合作机制之前，幼儿园需要对该机制进行理论探索。目前，关于该机制的理论研究较少，但有"U-G-S"协同培养机制（培养专业教师的一种机制）的理论研究。这两种机制虽然在内容上存在较大差异，但在理论上存在相似之处。幼儿园研究"U-G-S"协同培养机制的相关理论，有利于构建幼儿园教师技能训练合作机制。

2. 以激励调动高校参与幼儿园教师技能训练的积极性

幼儿园教师技能训练是关乎我国幼儿教育事业发展的重要举措。政府、高校、幼儿园都应该认识到自身的责任，为我国幼儿教育事业的发展做出贡献。在政府、高校、幼儿园三方中，政府作为指导者，应充分发挥领导作用，对构建幼儿园教师技能训练合作机制的各事项进行规划，同时鼓励和支持高校、幼儿园合作。在有需要的情况下，政府还可以制订一些促进三方合作的方案，从而促进三方深度合作。

3. 以保障措施确保幼儿园教师技能训练合作机制落地

为了确保幼儿园教师技能训练合作机制落地，需要采取一些保障措施。

（1）后勤保障：幼儿园教师技能训练合作机制的构建涉及政府、高校、幼儿园三方。高校与幼儿园是开展幼儿园教师技能训练的两个主体。无论是幼儿园教师到高校进修，还是高校教师对幼儿园教师进行培训，都会涉及教师流动。在教师流动过程中，高校或幼儿园要做好后勤工作，比如，合理安排教师的行程，保障教师的食宿，从而确保教师以良好的状态参与技能训练活动。

（2）平台保障：在政府、高校、幼儿园合作的过程中，为了方便三方及时沟通，尤其为了方便高校与幼儿园交流，三方（尤其是高校和幼儿园）应建立一些合作平台，如微课展示平台、课程资源平台、教学实验平台等。这可以打破空间和时间的限制，高校和幼儿园可以随时利用这些平台沟通，教师可以利用这些平台随时随地进行学习。这可以提高三方合作效率，提高幼儿园教师技能训练效率。

三、幼儿园教师技能培训基地的建设和管理

建设幼儿园教师技能培训基地，不仅能使教师技能训练系统化，还能提高训练效率。幼儿园教师技能培训基地建设需要投入较多的人力、物力和财力，可以由政府牵头。政府投入部分资金，然后引导当地的幼儿园加入，幼儿园也投入部分资金。政府和幼儿园通过这种合作共建的模式可以共同承担培训基地建设成本，也可以扩大培训基地的辐射范围，使更多的幼儿园受益。

（一）幼儿园教师技能培训基地建设方案大纲

幼儿园教师技能培训基地建设并非一件易事。建设者要根据当地幼儿教育的实际情况制订幼儿园教师技能培训基地建设方案，然后开展具体的建设工作。笔者初步拟订了幼儿园教师技能培训基地建设方案大纲：

幼儿园教师技能培训基地建设方案大纲

1. 幼儿园教师技能培训基地建设思路
 （1）幼儿园教师技能培训基地建设的依据。
 （2）幼儿园教师技能培训基地建设的指导思想和原则。
 （3）幼儿园教师技能培训基地建设的路径。
2. 幼儿园教师技能培训基地建设目标
 （1）幼儿园教师技能培训基地建设的总目标。
 （2）幼儿园教师技能培训基地建设的具体目标（也可以是阶段性目标）。
3. 幼儿园教师技能培训基地建设的管理
 （1）幼儿园教师技能培训基地建设的管理人员。
 （2）幼儿园教师技能培训基地建设的管理制度。
4. 幼儿园教师技能培训基地建设内容与经费
确定幼儿园教师技能培训基地建设的内容以及需要的经费。

（二）幼儿园教师技能培训基地的管理

除了加强幼儿园教师技能培训基地建设外，还要做好基地管理，从而提高培训效率。幼儿园教师技能培训基地管理主要包括两个方面：一是对培训教师的管理，二是对学员的管理。在对培训教师的管理方面，可以制定培训教师管理制度（包括教学质量管理制度、上课制度、奖惩及淘汰制度等）；在对学员的管理方面，也可制定相应的管理制度（包括学员守则、学员考勤制度、学员考评制度等）。

以学员守则为例，其至少应包含如下内容：

（1）严格遵守基地各项规章制度，服从培训教师和后勤人员的管理。

（2）上课不迟到、不早退，不无故旷课。有特殊情况而不能听课的学员，须办理请假手续。对于缺课超过培训时间三分之一的学员，取消培训和考试资格。

（3）遵守课堂纪律，上课专心听讲，认真学习，不交谈，不在课堂上打、接电话。

（4）尊敬培训教师和工作人员，团结学员，礼貌待人。

（5）讲文明，讲卫生。在基地不穿背心、拖鞋，不吸烟，不随地吐痰，不乱扔垃圾，自觉保持教室与寝室的卫生。

（6）爱护课桌、课椅、餐桌、床等公物。若损坏公物，则需照价赔偿。

（7）严禁浪费：节约用水，节约用电，不浪费食物。

（8）严禁聚众闹事、打架斗殴，严禁酗酒、赌博等行为。

总之，基地管理至关重要。加强对基地的管理，有利于提高培训效率，使基地的作用得到充分发挥。

第三节　采用多元化的训练模式

单一的训练模式难以满足幼儿园教师技能训练的需求。幼儿园组织开展教师技能训练，要采用多元化的训练模式。下面介绍几种具有创新性的训练模式（图7-3）。

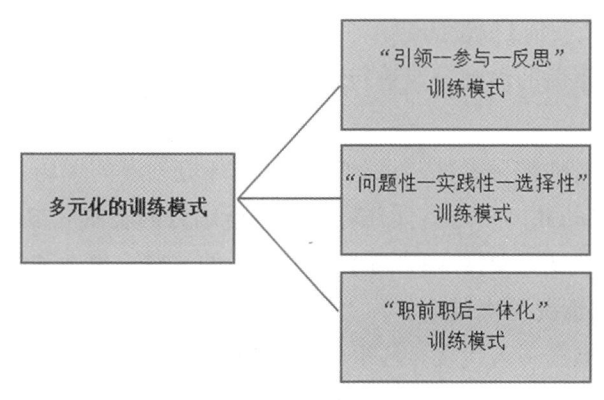

图7-3　多元化的训练模式

一、"引领—参与—反思"训练模式

(一)"引领—参与—反思"训练模式的基本内涵

"引领—参与—反思"训练模式以骨干教师为引领者,参加培训的教师在骨干教师的指导下,学习和训练教育教学相关技能,并不断反思,逐步掌握相关技能。

(二)"引领—参与—反思"训练模式的实施策略

1. 以专业精神培养为基础

专业精神是促使教师进行自我反思、自我提升的一种内在动力。在实施"引领—参与—反思"训练模式的过程中,骨干教师应该以自身的专业发展为榜样,让参加培训的教师认识到专业发展的重要性,培养参加培训的教师的专业精神。教师具备专业精神,能够增强参加技能训练的积极性,也能够在技能训练的过程中积极地进行反思,从而提高技能训练效率。

2. 以"工作坊"为主要训练方式

在培养专业精神的基础上,可以采用以"工作坊"为主的训练方式。"工作坊"通常以一名在某个领域富有经验的主讲人为核心,有10~20位学员的小团体在该主讲人的指导下,通过开展活动、讨论、短讲等方式,共同探讨某个话题。在幼儿园教师技能培训中,"工作坊"的主讲人是骨干教师。

以幼儿园环境创设技能训练为例,"工作坊"的训练流程如下:

(1)骨干教师对关于环境创设的理论知识进行讲解,并以自身为例,阐述自己是如何进行环境创设的。

(2)参加培训的教师分组进行讨论,并阐述自己在工作中进行环境创设的优势和短板。

(3)骨干教师带领参加培训的教师走进环境创设的现场,对室内的活动区环境创设以及幼儿园户外整体环境创设进行细致的观察。参观时间大约为1小时。之后,参加培训的教师带着参观时产生的灵感、思考和顿悟重回研讨现场,结合参观的情况再次讨论。

(4)每组推选一名代表。各组的代表阐述讨论结果。

(5)骨干教师提炼观点,并进行延伸性总结。

在"工作坊"训练过程中，参加培训的教师可以随时向骨干教师提出问题。骨干教师也可以向参加培训的教师提出具有引导性的关键问题，从而引导参加培训的教师进行更深入的思考。

二、"问题性—实践性—选择性"训练模式

（一）"问题性—实践性—选择性"训练模式的基本内涵

"问题性—实践性—选择性"训练模式中的"问题性"是指以幼儿园教师在掌握技能上存在的问题为核心，训练目标是解决问题；"实践性"是指突出训练的情境性，即在训练的过程中，要为参加培训的教师创设相应的教学情境，并让参加培训的教师进行现场演练，从而使其更快地掌握技能；"选择性"是指基于问题为参加培训的教师提供多种课程或多个训练方案，让他们根据自身需要选择合适的课程或训练方案。总之，"问题性—实践性—选择性"训练模式就是以幼儿园教师技能训练过程中的问题为核心，设计多个具有实践性的训练方案，然后让教师自由选择训练方案。这种训练模式的优点是，这种训练模式直接指向问题，而且具有较强的实践性，也为教师提供了自由选择的空间。该训练模式的缺点是，该训练模式需要依托培训基地实施。

（二）"问题性—实践性—选择性"训练模式的实施步骤

"问题性—实践性—选择性"训练模式的实施可以分为四步（图7-4）。

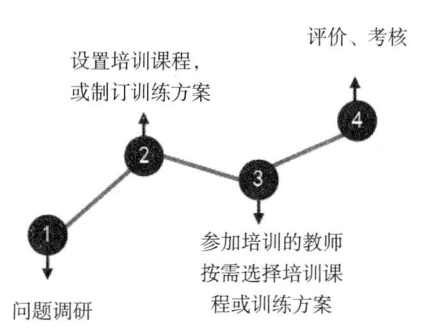

图7-4 "问题性—实践性—选择性"训练模式的实施步骤

1. 问题调研

对幼儿园教师在掌握教育教学相关技能上存在的问题进行调研，对收集到的问题进行深入分析、归纳，然后从中选择比较典型的问题，将这些问题作

为培训的切入点。

2.设置培训课程，或制订训练方案

围绕筛选出的典型问题收集资料，组建培训团队，设置培训课程，或制订训练方案。无论是培训课程，还是训练方案，都要突出实践性。实践性是该训练模式的主要特征。

3.参加培训的教师按需选择培训课程或训练方案

培训基地将多个培训课程或训练方案告知参加技能训练的教师，让他们根据自己的需要选择培训课程或训练方案。比如，培训基地可以采用几个训练方案滚动实施的方式进行培训，即几个训练方案依次实施，教师只需要选择自己需要的训练方案来参加培训即可。

4.评价、考核

在培训结束之后，培训基地对参加培训的教师的学习情况进行评价，了解培训目标的达成情况。对于学习成绩较好的教师，可给予一定的奖励；对于学习成绩较差的教师，可给予一些惩罚。

三、"职前职后一体化"训练模式

（一）"职前职后一体化"训练模式的基本内涵

"职前职后一体化"训练模式就是将幼儿园教师职前训练和职后训练衔接起来的一种训练模式。"职前职后一体化"训练模式的实质是构建教师终生教育体系。该训练模式的核心是使教师的发展成为一个连续的过程。

（二）构建"职前职后一体化"训练模式的要点

要构建"职前职后一体化"训练模式，需要将职前训练和职后训练衔接起来，这包括职前、职后培养目标和课程的衔接。

1.职前、职后培养目标一体化

职前、职后培养目标一体化是将教师教育教学技能的发展作为一个完整的过程，整体制定教师技能发展各阶段的培养目标，然后分阶段设置课程。在职前训练阶段，制定培养目标的重点是让师范生掌握必备的系统的基础知识，树立正确的教育观念，提升职业道德修养。在此基础上，对师范生的教育教学必备技能进行实践性训练，让他们初步掌握这些技能。在职后训练阶段，制定培养目标的重点是提升幼儿园教师的教育教学技能。职前训练时间比较短。通过职前训练，师范生初步掌握了教育教学必备技能。但职前训练缺乏实践场景，而有些教育教学技能只能在真实情景中进行训练。师范生成为幼儿园教师后，上课的每一天都在真实的教学场景中。通过日复一日的教学实践，教师的教育教学技能会有所提升。同时，教师也能够在日常教学中发现自己在掌握技能上存在的问题，然后进行有针对性的训练，从而更好地提升教育教学技能。

2. 职前、职后课程设置一体化

课程设置一体化是将职前训练课程的设置和职后训练课程的设置衔接起来，还要充分考虑当前教育实际情况。要将两者衔接起来，可以从两个方面进行思考：一是延伸，二是互补。在延伸方面，以职前训练课程为基础，对教师技能训练做进一步延伸。可以以阶段性的训练目标为依据，考虑教师发展的实际需求，确定延伸的方向。在互补方面，可设置幼儿园教师在师范教育阶段没有学习的一些教育教学技能课程。在师范教育阶段，学生接受教育的时间为3～4年，他们学习的技能相对有限，他们仅仅能够掌握基础技能。而在实际的教育教学中，教师需要掌握更多的技能。在职后训练阶段，可以设置幼儿园教师没学过的技能课程，进行互补性技能训练。无论延伸，还是互补，目的都是使幼儿园教师技能训练具有系统性，从而使幼儿园教师技能训练更具实效性。

第四节　构建完善的教师评价体系

要提高幼儿园教师多维技能训练的综合效益，需要构建完善的教师评价体系。构建完善的教师评价体系可以从评价主体和评价方法两个方面着手，如图7-5所示。

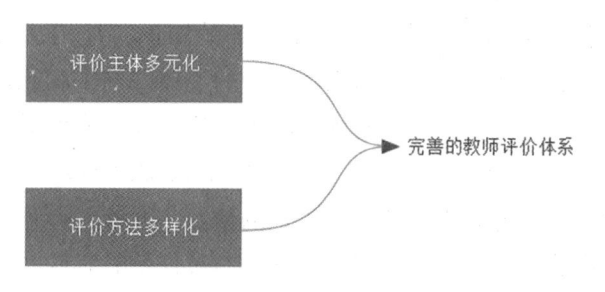

图7-5　构建完善的教师评价体系

一、评价主体多元化

幼儿园在对教师多维技能训练的成效进行评价时,通常以幼儿园的管理者为评价主体,这可以起到鼓励和约束幼儿教师的作用。除此之外,幼儿园还需要引入更多的评价主体,如教师自己、同事、幼儿家长和幼儿,使评价主体多元化。

(一)教师自我评价

教师自我评价是教师对自己的分析与认识。这也是教师评价体系的重要组成部分。教师进行自我评价,有助于对自己进行全方位的认识。这是教师进行自我提升,实现终生发展的一个重要途径。根据杰瑟夫·卢夫特和哈里·英格拉姆提出的橱窗分析法可知,每个人都存在"隐私我"的部分,这部分是个体自己知道而他人不知道的部分。对这部分的评价只有教师自己能做到。此外,幼儿园在教师评价中增加教师自我评价的环节,可以使教师从被动的评价接受者转变为评价的主动参与者。这是重视教师情感体验的一种体现,能够激发教师发展的内在动因,对于调动教师进行多维技能训练的积极性具有积极作用。

教师自我评价也存在一定的局限性。首先,教师的自我评价中往往包含较多的主观因素。经验再丰富的教师,也不可能完全以"局外人"的视角去评价自我。其次,教师在进行自我评价时,通常会以周围的同事作为参考标准,但教师周围同事的技能水平存在差异,所以教师的自我评价会存在偏差。最后,不同教师对同一事物的认识可能不同,不同教师进行自我评价的结果可能会出现偏差。

(二)同事评价

在一起工作的同事了解专业技能及相关的知识,且相互之间有比较多的交流,也有一定的了解,可以作为教师评价的主体。同事相互评价,可以促进交流,相互学习,取长补短,从而促进教师队伍整体素质的提升。

同事评价也存在一些缺点。比如,相识的教师之间存在人情关系。教师对同事进行评价时,容易出现评价不客观的情况。此外,评价教师并不是被评价教师教育工作的长期参与者,只是短期参与被评价教师的教育教学,所以其评价结果可能存在一定的片面性。这也是评价主体应多元化的一个重要原因。

单一的评价主体对教师进行评价，难免会出现评价片面的情况。而评价主体多元化，便可以削弱这种片面性，从而使综合评价结果更加客观和科学。

（三）幼儿家长评价

幼儿家长虽然不直接参与幼儿园的教育，但与幼儿园教师的沟通比较频繁，对幼儿园教师对各项教育教学技能的掌握情况有一定的了解。幼儿园可以邀请幼儿家长参与幼儿园教师多维技能训练的评价。幼儿园可以采用问卷调查的方式，让幼儿家长对幼儿园教师做出评价，可以将电子问卷发放给幼儿家长，从而提高调查效率。幼儿园可以将幼儿家长对教师的评价作为评价教师的参考。

幼儿家长评价教师多维技能的调查问卷如下：

某幼儿园基于教师评价的幼儿家长调查问卷

调查对象：	调查日期：

尊敬的家长朋友：

您好！由衷感谢您参与此次问卷调查。为了更加有效、真实地了解本园教师掌握技能的情况以及技能训练的成效，本园设计了此问卷。您的回答没有好坏之分，您只需要按照实际情况作答即可。您的意见将为教师技能的持续提高提供有价值的参考。希望您如实填写，谢谢！

1. 在您与孩子的交流中，您是否发现教师有侮辱幼儿、体罚幼儿、变相体罚幼儿的现象。
A. 有　B. 没有　C. 偶尔有　D. 不清楚
2. 教师是否存在收受幼儿家长礼品、礼金的现象？
A. 有　B. 没有　C. 偶尔有　D. 不清楚
3. 教师是否存在要求幼儿家长请客吃饭的现象？
A. 有　B. 没有　C. 偶尔有　D. 不清楚
4. 关于诲人不倦，您对教师的感觉是什么？
A. 非常满意　B. 满意　C. 一般　D. 不满意
5. 关于为人师表，您对教师的感觉是什么？
A. 非常满意　B. 满意　C. 一般　D. 不满意
6. 教师的教学是否存在敷衍搪塞的现象？
A. 有　B. 没有　C. 偶尔有　D. 不清楚
7. 教师是否存在向幼儿推销课外书籍、推销收费学习软件的现象？
A. 有　B. 没有　C. 偶尔有　D. 不清楚
8. 您认为教师在形体、礼仪方面表现如何？
A. 很好　B. 好　C. 一般　D. 很差
9. 您认为教师在对幼儿的关心爱护方面表现如何？
A. 很好　B. 好　C. 一般　D. 很差

> 10. 您认为教师组织游戏活动的能力如何？
> A. 强　B. 较强　C. 一般　D. 很差
> 11. 您认为教师在艺术教育方面的能力如何？
> A. 强　B. 较强　C. 一般　D. 很差
> 12. 您认为教师的沟通能力如何？
> A. 强　B. 较强　C. 一般　D. 很差
> 13. 您认为教师在哪些技能上还需要加强训练？
>
> 最后，再次感谢您的参与！

（四）幼儿评价

幼儿是教育教学活动的直接参与者，也是长期参与者，虽然身心发展还不成熟，但也有一定的发言权，应该成为评价教师的主体。幼儿是教育教学活动的主体。教学活动围绕幼儿展开，以促进幼儿发展为目的。在教师评价体系中引入幼儿这一评价主体，可以增强教师的以幼儿为教学主体的意识，使教师在教学活动中尊重幼儿的主体地位。同时，让幼儿成为评价教师的主体，也可以锻炼幼儿评价他人的能力。

幼儿对教师的评价也存在不足之处。首先，幼儿身心发展还不成熟，评价教师的能力有限。幼儿有时候不能准确表达自己的观点，常常需要教师引导，这增大了幼儿评价教师的难度，也降低了幼儿评价教师的准确性。其次，对幼儿而言，教师是权威的象征，幼儿在心中对教师的评价大多是正向的，这种"光环"效应也会影响幼儿评价教师的客观性。

总之，幼儿对教师的评价具有一定的参考性，但幼儿的评价结果的参考性低于上述几个评价主体的评价结果。

二、评价方法多样化

在评价幼儿园教师多维技能训练成效的诸多方法中，课堂观察法是常用的一种方法，也是直观了解教师掌握技能情况的有效的评价方法。除了课堂观察法外，还有很多方法可以用于幼儿园教师多维技能训练评价，如跟踪评价法、样本调查法、档案袋法等。幼儿园可将这些方法综合运用到教师多维技能训练评价中，从而使评价更加准确。下面简单介绍课堂观察法、跟踪评价法和样本调查法。

（一）课堂观察法

课堂观察法是观察者带着明确的目的，利用自身感官和辅助工具，直接或间接地从课堂情境中收集资料，并依据资料进行相应研究或对教师进行评价的一种教育科学研究方法。通过课堂观察，观察者可以获得第一手资料。[①] 课堂观察分为直接观察和间接观察。直接观察就是观察者直接到课堂上进行观察。间接观察就是观察者利用教学设备（如摄像机）进行观察。

课堂观察法的实施一般分为三步。

第一步：做好课堂观察前的准备。

一是确定观察目的、时间和地点。

二是依据观察目的，将观察的重点聚焦到某一类事件上。比如，观察者要观察教师对书写技能的掌握情况，则主要对教师的书写技能进行观察，并围绕教师对书写技能的掌握情况收集资料。

三是确定记录方式。观察者可根据自己的习惯和需求确定记录方式，只要能够达到有效记录的目的，使用何种记录方式都可以。

第二步：课堂现场观察。

在做好准备工作后，观察者便可以进行具体的课堂现场观察。这也是课堂观察法实施的核心环节。幼儿容易受环境因素的影响。为了减小这种影响，观察者在课堂观察的过程中要尽可能减少不必要的动作。此外，观察者要根据观察目的做好详细的现场记录。例如，表7-1是笔者设计的课堂观察记录表。该表的右栏是评注栏，观察者在课堂观察的过程中，可随时在此栏中写上对教师的评语。

表7-1　课堂观察记录表

现场记录	评注
被观察教师： 观察班级： 观察日期： 观察人： （此处填写具体的课堂观察内容）	（此处填写观察者对教师的评语）

[①] 史利红，张舍茹．二语学习动机研究：从理论到实践 [M]．北京：北京理工大学出版社，2016：139．

第三步：处理观察结果。

在课堂现场观察结束之后，观察者需要对现场记录的资料做进一步分析和总结，然后对被观察教师做出全面、客观的评价。随后，观察者要及时将观察结果反馈给被观察教师，使其认识到自己在掌握教育教学技能方面仍然存在的问题，并和被观察教师进行商讨，探寻行之有效的解决问题的方法，从而使被观察教师在之后的技能训练中有针对性地解决问题。

（二）跟踪评价法

跟踪评价法是指评价者对教师进行长期跟踪观察，了解教师掌握教育教学技能的情况，然后做出评价。评价者运用跟踪评价法，关注教师发展的过程，目的是促进教师的持续发展。

跟踪评价法实施步骤如下：

1. 评价者收集信息

信息是评价教师对技能的掌握情况的重要依据。如果没有充足且真实的信息，评价者就很难对教师的技能进行客观、科学的评价。收集信息是实施跟踪评价法的第一步，也是"跟踪"教师的目的之一。

2. 评价者将信息分析结果反馈给教师

在收集完一个阶段的信息后，评价者对这些信息进行整理和分析，然后将分析结果反馈给被评价教师。评价者在向教师反馈信息分析结果的同时，还需要为教师提供一些意见，并根据教师的需要为教师提供必要的指导。在教师有需要的情况下，评价者还可以和教师共同确定技能训练目标，制订技能训练计划。

3. 被评价教师改进技能训练

根据评价者提供的反馈信息以及训练目标和计划，教师改进技能训练，从而更好地掌握教育教学技能。在教师改进技能训练的过程中，幼儿园同步收集信息，继续进行跟踪评价，然后让教师再改进技能训练。

跟踪评价法的实施是循环上述三个步骤，如图7-6所示，从而在三个步骤的循环中使教师越来越熟练地掌握教育教学技能。

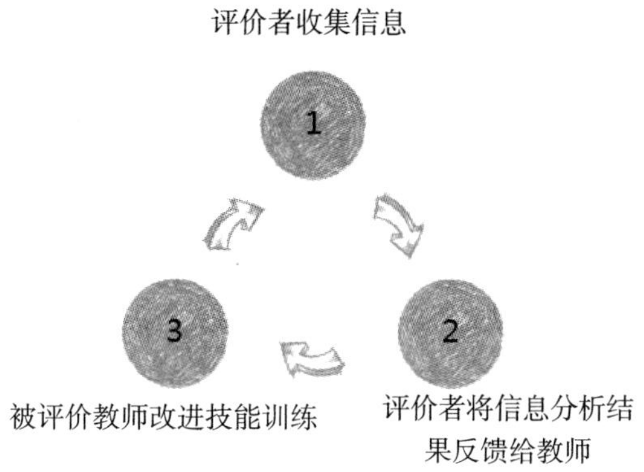

评价者收集信息

图 7-6　跟踪评价法实施步骤

（三）样本调查法

评价教师的主体应该是多元的。样本调查法是收集各评价主体意见的有效方法。实施样本调查法的核心是收集信息。设置调查的问题至关重要。调查者应针对不同的调查对象设置不同的问题。下面以幼儿家长和幼儿作为调查对象为例，设计了调查问卷：

以幼儿家长和幼儿为调查对象的调查问卷

被评价教师：		评价日期：			
评价项目	评价项目的内容	评价			
		满意	比较满意	基本满意	不满意
基本道德素养	以身作则，遵守教师规范，遵守社会公德；语言文明，举止得当，衣着整洁，遵纪守法				
敬业	上课不迟到、不早退，不无故缺课；认真批改作业；认真教导每一位幼儿；关爱每一位幼儿				
游戏活动	合理安排游戏活动；能够激发幼儿参与游戏活动的兴趣；使游戏活动有助于促进幼儿发展；使游戏活动符合自发、自主、创造的要求；合理创设游戏活动环境				

课堂教学	板书整洁；课堂氛围活跃，幼儿具有学习积极性；课件精美；语言简练、生动形象				
艺术教育	贴近幼儿生活；幼儿具有良好的情绪和情感体验；能够激发幼儿的学习兴趣；接纳幼儿的创造性和独特性				
总体评价	满意	比较满意	基本满意		不满意
建议或意见					

上述几种评价教师的方法各有其优点，也各有其局限性。在对教师进行评价时，评价者可根据具体情况，灵活选择评价方法，可综合采用多种评价方法，对教师进行全面、客观的评价，从而以评价促进教师更加熟练、全面地掌握教育教学技能。

参 考 文 献

[1] 邹玲.幼儿园教师教育技能[M].北京：语文出版社，2014.

[2] 陈幸军.幼儿园教师教育技能[M].北京：人民教育出版社，2009.

[3] 董伟，李立新，刘秀玲.幼儿园教师英语教育技能阶梯训练[M].上海：复旦大学出版社，2013.

[4] 樊潇潇，雷蕾.幼儿园教师音乐技能[M].北京：中国科学技术出版社，2022.

[5] 杨武代，杜静歌.幼儿园教师舞蹈技能[M].天津：南开大学出版社，2019.

[6] 葛东军.幼儿园教师教育技能实训教程[M].广州：广东教育出版社，2019.

[7] 张帆，易缨，陈丽萍.幼儿园教师语言技能[M].天津：南开大学出版社，2016.

[8] 刘潇湘，李颖.幼儿园教师美工技能[M].杭州：中国美术学院出版社，2019.

[9] 高桂焦，黄胜，高桂凤，等.幼儿园自制玩教具的应用现状及对策[J].基础教育研究，2020（15）：92-94.

[10] 姜继为，吴芳.学前教育专业本科毕业生技能标准研究[J].教师教育论坛，2020，33（1）：27-31.

[11] 刘倩.幼师顶岗实习期间家园沟通能力发展的影响因素与策略研究[J].家教世界，2021（Z2）：84-85.

[12] 童宏亮，全宏艳，张树丽.学前教育专业师范生职业技能训练的困境与突围：基于卓越幼儿园教师培养的视角[J].教师教育学报，2019，6（6）：47-54.

[13] 叶永琴.幼儿园教师教学技能职前培养路径探索[J].教书育人，2022（16）：27-29.

[14] 冯敏玲，欧汉坚.幼儿园教师健康素养相关知识技能干预效果评价[J].医学食疗与健康，2021，19（10）：181-182.

[15] 邓泽军，赵芮，李杰.幼儿园教师美术技能学习困境分析及改进策略[J].陕西学前师范学院学报，2021，37（2）：72-78.

[16] 田翠萍.浅论幼儿园教师的专业技能[J].新智慧，2018（33）：55.

[17] 朱巧玲. 幼儿园教师音乐素养的结构探索与现状调查 [J]. 幼儿教育, 2021 (18): 7-12.

[18] 赵艳霞. 鄂尔多斯地区不同学历幼儿园教师职业技能适应现状调查 [J]. 佳木斯职业学院学报, 2018 (7): 214-216.

[19] 黄有慈. 2017年全区中小学幼儿园教师教学技能大赛带来的启示 [J]. 广西教育, 2018 (5): 24, 26.

[20] 周勤慧, 书格拉. 幼儿园教师卫生保健知识技能需求调查报告 [J]. 汉江师范学院学报, 2017, 37 (6): 124-128.

[21] 左文, 王芳. 民族地区民办幼儿园教师多媒体教学技能提升路径研究: 以铜仁市民办幼儿园为例 [J]. 明日风尚, 2017 (23): 222, 294.

[22] 曾亮. 幼儿教师即兴弹唱的技能培养 [J]. 黑龙江科学, 2020, 11 (15): 104-105.

[23] 李努毛尕. 浅谈如何提高幼儿教师教学技能 [J]. 课程教育研究, 2020 (31): 76-77.

[24] 彭韵潼. 全纳背景下幼儿教师的专业技能探讨 [J]. 教育与教学研究, 2014, 28 (7): 117-119.

[25] 袁月, 李春玉, 张海莲, 等. 吉林幼儿园教师健康素养相关知识技能干预效果评价 [J]. 中国学校卫生, 2017, 38 (5): 683-685.

[26] 张晶晶. 关于提高乡镇幼儿园教师专业技能的思考 [J]. 中国校外教育, 2017 (12): 145-146.

[27] 赵俊. 幼儿体育教学中教师安全防护技能养成的策略研究 [J]. 生活教育, 2020 (5): 41-44.

[28] 方庆. 欠发达地区幼儿园教师键盘技能现状与职后教育研究: 基于湛江市县级幼儿园 [J]. 美与时代 (下), 2017 (1): 126-128.

[29] 孙爱梅, 李少梅, 张安丽. 幼儿园教师掌握儿童急救知识和技能的现状及发展对策 [J]. 学前教育研究, 2016 (7): 67-69.

[30] 王莉.《农村幼儿园教师专业技能培训实效性的研究》论证报告 [J]. 当代学前教育, 2016 (1): 18-20.

[31] 肖洛娜. 基本乐理在幼儿教师专业技能中的作用探究 [J]. 北方音乐, 2020 (16): 225-226.

[32] 刘南南.浅谈高师学前教育专业学生教师技能培养[J].现代交际,2015(6):135.

[33] 沈茜茜.浅析幼儿园教师课堂调控技能的运用[J].考试周刊,2015(46):186-187.

[34] 方庆.欠发达地区幼儿园教师键盘伴奏技能研究:基于湛江地区县级幼儿园的调查[J].北方音乐,2015,35(2):203,206.

[35] 徐群.再议"幼儿园教师的专业技能":基于《幼儿园教师专业标准(试行)》的思考[J].江苏教育研究,2014(34):50-54.

[36] 王德涛.需求层次理论视角下幼儿体育教师应用技能研究[J].青少年体育,2020(11):139-140.

[37] 双立珍,郭铁成.幼儿园教师职业准入社会教育知识技能标准的构成与实施建议[J].学前教育研究,2014(5):37-40.

[38] 李波江.互联网+背景下的幼儿教师舞蹈技能培养策略[J].中国文艺家,2021(8):109-110.

[39] 运红娥.对幼儿教师口语基本技能教学的几点思考[J].现代职业教育,2021(32):170-171.

[40] 罗华.农村幼儿园教师艺术技能水平现状和技能培训需求的调查与分析[J].大众文艺,2013(13):228-229.

[41] 胡煜.微格教学助力幼儿教师导入技能发展浅谈[J].新智慧,2021(27):64-66.

[42] 吾霞.巧妙接应和提升幼儿的语言:浅谈幼儿园教师的语言技能[J].好家长,2012(Z1):100-101.

[43] 周美英.幼儿园教师教育技能发展的关键点[J].学前教育研究,2011(8):67-69.

[44] 蒋丽明.立足师资发展需求 实施培训对应良策:浙江宁海县民办幼儿园教师教学基本技能专项培训的实践与探索[J].小学教学研究,2011(20):95-96.

[45] 吕耀坚,步社民.幼儿园教师教学技能职前培养路径探索[J].幼儿教育,2011(9):41-45.

[46] 王启刚,娄亚文.情理之中的意外惊喜:浙江省宁海县民办(个体)幼儿园教师教学基本技能专项培训纪实[J].新课程研究(下旬刊),2010(4):86-88.

[47] 马玲.幼儿园教师的语言技能、策略与魅力[J].林区教学,2009(1):44-46.

[48] 步社民.论幼儿园教师的专业技能[J].学前教育研究,2005(5):45-47.

[49] 欧宗耀,于婧.教育戏剧运用于培养幼儿教师活动教学技能初探[J].智力,2020(10):196-198.

[50] 郜漫耀.幼儿戏剧教师的素养及技能培养实践研究[J].戏剧之家,2020(8):125-126.

[51] 官绮凡.新手型教师的叩门砖,成熟型教师的磨刀石:读吴振东《幼儿教师教育技能10项修炼》有感[J].幼儿教育研究,2019(6):61-62.

[52] 尹振江,亓松涛.基于供给侧改革的幼儿教师岗位技能培训[J].大连教育学院学报,2017,33(3):7-9.

[53] 吴米花.美国幼儿教师专业指导丛书:《学前教师技能》推介[J].早期教育(教师版),2017(4):29.

[54] 刘揖建.幼儿教师专业技能体系的设计与探索[J].高教论坛,2014(6):90-92.

[55] 石伟峰.现代幼儿教师应注重教育技能的训练[J].赤峰学院学报(自然科学版),2013,29(11):232-234.

[56] 蒋翠娥.现代教育中幼儿教师体育教学技能初探:以湘西土家族苗族自治州为例[J].民族论坛,2013(3):105-106.

[57] 拓春晔.对有效实施幼儿教师国培计划的调查研究:以"国培计划"陕西省"农村幼儿园转岗教师技能培训"项目为例[J].湖北大学成人教育学院学报,2012,30(4):27-29,52.

[58] 王越,卢清.西部农村卓越幼儿教师艺术技能培养模式研究[J].艺术教育,2019(5):219-220.

[59] 周铭.幼儿教师语言技能的作用与提高策略探究[J].成才之路,2019(9):65.

[60] 林剑.浅谈幼儿教师即兴弹唱的技能培养[J].新校园(阅读),2018(10):53.

[61] 丛嘉.幼儿教师美术技能:简笔画口诀在课堂中的实际运用[J].现代职业教育,2017(34):130.

[62] 李强.浅谈幼儿教师歌唱教学活动前音乐技能的准备[J].湖北函授大学学报,2017,30(3):161-162.

[63] 蒲晓冬. 论述提高幼儿教师儿歌弹唱技能的培训途径 [J]. 山东农业工程学院学报，2016，33（6）：56-57，59.

[64] 杨建琴. 幼儿教师音乐教学技能教学现状与提升策略 [J]. 科教文汇（下旬刊），2015（8）：84-85.

[65] 沈明兰. 专业技能训练与专业教育素养培育结合，培养高素质幼儿教师 [J]. 家教世界，2015（4）：58-59.

后　　记

本书是笔者从事学前教育教学工作十余年实践、思考的成果。

学前教育阶段是幼儿学习的关键启蒙阶段。学前教育工作直接影响幼儿的健康成长。教师是幼儿园教育的主要实施者，就像指路明灯，引领着幼儿成长。幼儿园教育促使幼儿开始真正的社会生活和学习生活。

作为幼儿成长的引领者，教师应具备专业素养，具备丰富的专业知识和专业技能，具备专业发展能力。

3～6岁是幼儿感知世界的黄金时期，是幼儿人格形成和心理成长的关键阶段。幼儿不仅有很强的好奇心，还有较强的模仿能力；不仅能不断地探索外部世界，还会积极体验，乐于表达，可塑性强，但也容易受到伤害。教师应了解这一阶段幼儿的发展特点，掌握幼儿教育的基础知识和基本技能，具备幼儿教育的专业能力，培养幼儿积极向上的人生态度、良好的行为习惯和勤奋好学的品质。

也许，幼儿长大成人后，不再记得给他们喂饭的老师，不记得那个曾经哄着他们睡觉、帮他们穿衣服、教他们唱歌的老师。可是，这有什么关系呢？教师在幼儿园看到一群群天真无邪的孩子，感受到童心的美丽、可爱，欣赏到童年的雏形艺术，这才是教师获得的幸福和快乐，是教师生命成长的真谛。

感谢湖北省农村教育与文化发展研究中心、湖北科技学院教育学院的领导和同仁在本书撰写和出版过程中的支持，感谢刘宗南教授对本书的指导。